阅读日本
书 系

现代日本人的意识解读

現代日本人の意識構造

NHK放送文化研究所\著　陈乐兵 汪平\译

每川日中友好基金
The Sasakawa Japan-China Friendship Fund

南京大学出版社

图书在版编目(CIP)数据

现代日本人的意识解读 / 日本 NHK 放送文化研究所编著；
陈乐兵，汪平译. —南京：南京大学出版社，2013.1（2016.9重印）
（阅读日本书系）
ISBN 978-7-305-10836-5

Ⅰ.①现… Ⅱ.①日… ②陈… ③汪… Ⅲ.①日本人
—思想意识—研究 Ⅳ.①C955.313

中国版本图书馆 CIP 数据核字(2012)第 290307 号

GENDAI NIHONJIN NO ISHIKI KOUZOU 7th Edition
edited by NHK Hoso Bunka Kenkyujo
Copyright © 2010 by NHK
All rights reserved.
Original Japanese edition published by NHK Publishing, Inc.
This Simplitied Chinese edition published by arrangement with
NHK Publishing, Inc., Tokyo in care of Tuttle-Mori Agency, Inc., Tokyo
through Bardon-Chinese Media Agency, Taipei.

江苏省版权局著作权合同登记 图字：10-2012-309 号

出 版 者　南京大学出版社
社　　址　南京市汉口路 22 号　　　　邮　编　210093
网　　址　http://www.NjupCo.com
出 版 人　左　健
丛 书 名　阅读日本书系
书　　名　**现代日本人的意识解读**
编　　著　[日]NHK 放送文化研究所
译　　者　陈乐兵　汪　平
责任编辑　陆小晟　田　雁　　　　　　编辑热线 025-83596027
照　　排　南京紫藤制版印务中心
印　　刷　南京爱德印刷有限公司
开　　本　787×1092　1/20　印张 11　字数 197 千
版　　次　2013 年 1 月第 1 版　2016 年 9 月第 2 次印刷
ISBN 978-7-305-10836-5
定　　价　33.00 元

发行热线　025-83594756
电子邮箱　Press@NjupCo.com
　　　　　Sales@NjupCo.com(市场部)

前　言

NHK 放送文化研究所①所在的办公大楼，坐落于东京塔附近，这里人来人往，车水马龙。面对川流不息的人群，通过对衣着打扮的观察，我们通常能够轻易地从中分辨出白领、游客或者是学生。但是仅仅通过对外表的观察，我们并不能够了解到他们的思维意识。

我们与这些"陌生人"一起构成了日本社会。有的时候，社会会随着人们的思想发生变化；有的时候，社会的变迁又会对人们产生影响。当我们注意到这一点时，也许就不会再对"陌生人"漠不关心了吧。

"大家都在想些什么呢？"

在对我们的社会以及我们自身进行思考与审视之后，也许不难发现，提出这个问题其实并非是单纯的出于好奇心，而是因为这是一个非常有意义的问题。

有关《日本人的意识》的调查活动由 NHK 放送文化研究所于1973 年（昭和四十八年）首次展开，每五年进行一次，所面向的人群为 16 岁以上的日本民众。调查内容从"生活目标"、"人际关系"延伸到对"家庭"、"工作"的认识以及对于"政治"、"国际化"的意识，涉及的范围非常广泛。通过对这些调查结果的整理分析，便能够深入了解到日本人的价值观以及思想意识。

而且，这项调查的最大特点是每次都会采用相同的调查方法和同样的问题。比如说，测量街道的变化时，通常会采用"定点观测"的方法。所谓"定点观测"是指在同一地点同一角度反复进行

---

① 　为日本广播协会（NHK）于 1946 年设立的广播文化研究机构——译者注。

观测。在进行《日本人的意识》的调查活动时，便采用了这种"定点观测"的方法，对无形的意识进行观测。该调查自开始以来已经有三十五年了，2008 年（平成二十年）又进行了第八次调查。通过对这些数据进行整理和分析，那些不断改变的思想意识以及根深蒂固的传统观念也逐渐浮出水面。

《日本人的意识》这项调查的目的，在于查明时代的变迁会对人们的思想认识造成怎样的影响。但是要展开这样的调查却绝非易事。首先是调查问卷的制作，必须要保证在经历了二、三十年的时间洗礼之后，这些问题仍然具有一定的意义。其次，制作出能够体现日本人各方面意识的调查问卷又是一件相当困难的巨大工程。需要对人性进行深入的剖析，并且细心洞察社会的变迁。因此对于问题的严格筛选以及表达方式的反复推敲，就显得尤为重要。在此，对三十多年前在调查问卷的制作方面做出巨大贡献的儿岛和人先生（原东京大学教授）、风间大治先生（已故）以及当时NHK 放送文化研究所的职员们等，还有给予我们无私指导与帮助的饱户弘先生（东洋英和女学院大学校长）、见田宗介先生（东京大学名誉教授）、井上辉子女士（和光大学教授）致以诚挚的感谢。同时还需要感谢 30258 名参与了这八次问卷调查的日本公民。

在此项调查活动结束之后，社会仍然在不断地发生着变化。由于受到全球金融危机的影响，日本股市大跌，许多合同工失去了工作。2009 年的夏天，民主党在众议院选举中获得大胜，政权完成了更迭。

"以后的日本会变成什么样子？"

面对这样的问题，社会的变迁以及生活在社会中的日本国民思想的变化，也许会成为解开我们心中疑惑的线索。

衷心希望本书能够为您在思考社会与人生的时候提供必要的帮助。

NHK 放送文化研究所所长

岩泽　忠彦

2010 年 1 月

目　录

I 序章——日本人的意识以及时代的变化

I-1 日本人的意识与变化的原因

在本书中,"日本人的意识"将以百分比比率的方式出现。比如说有 72％的人认为自己的生活衣食无忧,相对比较富裕;而有 23％的人不这样认为。换句话说,本书所指的"日本人的意识"其实是指日本人的思想意识在"(日本人的)集团内部的分布"情况。

具体采用"舆论调查"(民意调查)的方法,即从日本全国范围内随机抽取 5400 名(只有第一次为 5436 名)16 岁以上的公民进行问卷调查。

因此从严格意义上来说,本书中所指的"日本人的意识"其实是科学的舆论调查①,它反映了"16 岁以上日本公民对于各种事物的观点以及意见、想法、态度的比例情况"。由于这种比率关系是个人意识的汇总,因此有的时候,即使个人的意见没有发生变化,但是在集团中所占比例却出现了变化。而有的时候,虽然个人的意见发生了改变,但是在集团内部的比例情况却并未发生变化。

① 即便个人的意见并未发生变化,但是在全民范围内所占比例却发生了变化。

越是年轻对于某种意识的支持比例也就越高,因此只要各年

---

① 在对抽选出的结果进行分析时难免会有误差。从第 II 章开始,如标有"有差异"、"有变化"的注解,则说明即使将误差计算在内,数据也存在明显的变化。有些数据,虽然处于误差范围内,但仍能看出变化时,会标注上"无意义",并对其进行解释。此外,应该如何看待舆论调查的结果,请参照附录 II 部分内容——原书注。

龄层之间存在差距,那么即使个人不改变自己的意见,随着年龄段的变化,所占比例结构也会发生变化。

② 虽然个人的意见发生了改变,但是整体的比例结构并未发生改变。

个人随着年龄的增长,自身意见虽然发生了改变,但是由于各年龄层的比例并未发生变化,因此整体的比例结构也未发生变化。

③ 个人的意见发生变化。

影响人们意见的因素并非只有年龄,时代的变化也会给人们带来影响。社会、经济环境的改变,新技术的开发、从海外涌入的最新信息等都会对人们的意识产生影响。

这些现象错综复杂的交织在一起,再加上年龄的增长,都会对人们的意识产生影响。因此在对意见的比例情况进行分析时,需要考虑以下三点:(1) 年龄增长对意见造成的影响,(2) 年龄层的更迭导致的影响,(3) 时代变迁产生的影响。

Ⅰ-2 日本社会的变化

有关"日本人意识"的调查始于 1973 年,到 2008 年为止,已经有 35 年的历史了。让我们通过表Ⅰ-1来了解一下在这段时间里日本社会都发生了怎样的变化(主要来源于国运调查,更确切地说是对 1970 年至 2005 年间的资料进行比较)。

① 家庭成员数的减少以及少子高龄化社会

虽然人口与家庭的数量都在增长,但是人口增长为当初的 1.2 倍,家庭数却变成了当初的 1.8 倍。人口增长的顶峰在 19 世纪 70 年代,从那以后,增长率逐渐减缓。与此同时,每户家庭的成员数也在减少。2005 年的时候平均每户家庭为 2.58 人,但是单身家庭比例已超过四分之一(27.9%)。

从年龄层进行观察的话,便会发现在 19 世纪 70 年代,14 岁以下的家庭成员比例占到了 24.0%,而 2005 年则下降到了 13.7%。65 岁以上的人口所占比例则由 7.1% 增加到了 20.1%。而男女的平均寿命则延长了 10 岁,自 1977 年起,日本便成为了世界上最长寿的国家。至 1976 年,二战后出生的人数超过了总人口的一半。

妇女的生育率如果低于 2.08 的话,人口将会出现负增长(但是如果平均寿命得以延长的话,即使平均生育率低于 2.08,人口依然会增加)。1950 年代到 1970 年代前半段,虽然出生率一直维持在2.08 左右,但是到了 1975 年之后,就再也没有超过 2.0。而到了2005 年,甚至减少到了 1.26。"少子高龄化"的社会问题不断恶化。

② 高学历化

在 1970 年代,大学以及专科学院的入学率仅仅接近四分之一。但是随着高学历社会的到来,到 2005 年为止,入学率将近50%。1990 年之后,甚至有几年女生的升学率比男生还高,这主要是因为其中进入专科学校的学生较多的原因。

③ 第三次产业扩充与劳动时间的缩短

到 1970 年,从事信息、流通、销售、服务等第三产业的人群将近占到全体的一半左右,并且一直处于增长状态。到 2005 年,增长到了将近三分之二的规模。而农业水产业等第一产业的从业者却在不断减少,至 2005 年时居然减少到不及 5%。

此外,女性在职者的人数也在不断增加。从 1970 年的 33.2%增长为 2005 年的 41.3%。

同时全年劳动总时间持续减少,这主要是因为受到了 1973 年发生的第一次石油危机以及 1988 年的劳动基本法改革的影响。除此之外,工作时间较短的钟点工的增加也对劳动总时间产生了影响。

④ 全球化

随着旅日外国人的增加,前往海外的日本人也在不断增加。与 1970 年相比,旅日的外国人增长了 10 倍,而前往海外的日本人则增长了 19 倍。且这种增长并非只体现在旅游观光上,同时也反映在外国资本的流入以及日本企业的海外投资等方面。电视、网络的普及使得信息量大幅增加,全球化的进程也在不断加速。

⑤ 信息化

1995 年,随着互联网的商业化以及性能上得到大幅提升的"Windows95"电脑操作系统的横空出世,加快了信息化的步伐,并且延伸至我们的个人生活当中。1997 年,互联网的利用率还不满10%,可是在五年后便以迅猛的速度突破了半数,到了 2008 年的时候平均每四个人当中有三个人在使用互联网。此外,手机的普及率于2002 年突破 50%,于 2008 年突破 75%(详细数据请参考第Ⅶ章)。

表Ⅰ-1 主要统计的推移

单位	总人口	总家庭数量 普通家庭	单个家庭的人数 普通家庭	单身家庭的比例	按照年龄的人口构成比			合计特殊出生率	平均寿命		大学(本科)·短期大学(专科)升学率		
年	万人	家庭(万户)	人	%	14岁以下 %	14~65岁 %	65岁以上 %	人	男性 岁	女性 岁	计 %	男性 %	女性 %
1960年	9 430	1 987	4.54	5.3	30.2	64.1	5.7	2.00	65.3	70.2	10.3	14.9	5.5
1965年	9 921	2 328	4.05	8.1	25.7	68.0	6.3	2.14	67.7	72.9	17.0	22.4	11.3
1970年	10 467	2 707	3.69	10.8	24.0	68.9	7.1	2.13	69.3	74.7	23.6	29.2	17.7
1975年	11 194	3 127	3.45	13.5	24.3	67.7	7.9	1.91	71.7	76.9	38.4	43.6	32.9
1980年	11 706	3 411	3.33	15.8	23.5	67.3	9.1	1.75	73.4	78.8	37.4	41.3	33.3
1985年	12 105	3 648	3.23	17.5	21.5	68.2	10.3	1.76	74.8	80.5	37.6	40.6	34.5
1990年	12 361	3 919	3.06	20.2	18.2	69.5	12.0	1.54	75.9	81.9	36.3	35.2	37.4
1995年	12 557	4 248	2.88	23.1	15.9	69.4	14.5	1.42	76.4	82.9	45.2	42.9	47.6
2000年	12 693	4 551	2.71	25.6	14.6	67.9	17.3	1.36	77.7	84.6	49.1	49.4	48.7
2005年	12 777	4 798	2.58	27.9	13.7	65.8	20.1	1.26	78.6	85.5	51.5	53.1	49.8
出典		国情调查						人口动态统计	生命表		学校基本调查		

读罪沼意的人人日代现

单位	按产业的人口分布 第1次 %	第2次 %	第3次 %	雇用者当中女性比率 %	一年总实际劳动时间 事业所规模30人以上 时间	工会推测组织率 %	国际化 入国外国人 千人	出国日本人 千人
1960年	32.7	29.1	38.2	31.1	(2 426)	32.2	147	119
1965年	24.7	31.5	43.7	31.7	(2 312)	34.8	291	266
1970年	19.3	34.0	46.6	33.2	2 215	35.4	775	936
1975年	13.8	34.1	51.8	32.0	2 041	34.4	780	2 466
1980年	10.9	33.6	55.4	34.1	2 085	30.8	1 296	3 909
1985年	9.3	33.1	57.3	35.9	2 079	28.9	2 260	4 948
1990年	7.1	33.3	59.0	37.9	2 031	25.2	3 504	10 997
1995年	6.0	31.6	61.8	38.9	1 889	23.8	3 732	15 298
2000年	5.1	29.2	64.5	40.0	1 852	21.5	5 272	17 819
2005年	4.8	26.1	67.2	41.3	1 829	18.7	7 450	17 404
出典	国情调查			劳动力调查	※	工会基础调查	出入国管理统计	

※ 内阁府"年次经济财政报告"(1960年与1965年为年度统计)

表Ⅰ-2 时代背景

	1973年6月第1次调查	1978年6月第2次调查	1983年9月第3次调查	1988年6月第4次调查
公历日本历	1973年 昭和48年	1973~1978年 昭和48~53年	1978~1983年 昭和53~58年	1983~1988年 昭和58~63年
重大事件	68 日本GNP升世界第2位 71 美元冲击 73 日元变动汇率制（日元升值）	75 国际妇女年 76 洛克希德事件田中前首相被捕 76 战后出生者过半数 77 平均寿命世界第一 78 成田机场开始使用	80 同日选举自民党大胜 82 海外旅行热潮 83 户塚帆船学校事件	83 洛克希德事件—审判有罪 83 中曾根里根会谈，结成命运共同体 85 劳务派遣法实施 85 靖国神社问题出现 86 男女雇佣机会平等法实施 87 国铁分割民营化 87 全民劳连成立 89 利库路特事件
历代首相	佐藤、田中	田中、三木、福田	福田、太平、铃木、中曾根	中曾根、竹下
经济		73 第1次石油危机 74 物价暴涨 74 战后初次负增长	79 第2次石油危机 79《日本成长世界第一》 80 汽车生产量世界第一	85 广场协议 87 黑色星期一 ○日元升值 ○地价暴涨
景气扩大期	71.12~（列岛改造高潮）	75.3~（无通称）	77.10~（无通称）	85.11~（泡沫景气） 83.2~（高科技景气）

续　表

	1973年6月第1次调查	1978年6月第2次调查	1983年9月第3次调查	1988年6月第4次调查
后退期	73.11～（第1次石油危机）77.1～（再微调）	80.2～（世界同时不景气）	（根据内阁府"平成21年度年次经济财政报告"）	85.6～（日元升值不景气）
	经济成长率（实质） 10% 8 6 4 2 0 -2 '71 '72 '73 '74 '75 '76 '77 '78 '79 '80 '81 '82 '83 '84 '85 '86 '87 '88			
世情风俗	70 发现日本，三无主义 71 垃圾战争，纸杯快餐面，麦当劳 72 日本人"顺逆"的心理构造，熊猫热 ○公害问题 ○女权运动	73 节能，纸张不足 74 超能力热潮，弯曲汤匙 75 综合污染 76 偏差值，五胞胎 78 不确定年代，窗边族 ○校内暴力 ○家庭内暴力 ○新家庭	79 中老年，兔小屋，全国统一高考 81《窗边的图图娃》 82《用心的过边》 83《阿信》，出现轻薄短小的家庭电脑游戏机 ○漫画热	84 "不为我"族，"丸金、丸美"流行语 85 家庭内离婚 86 新人类，终极 87 丁克族，土地开发商，《萨拉纪念日》、《挪威的森林》 ○散侮 ○爱名牌热，爱美食热

	1993 年 10 月第 5 次调查	1998 年 10 月第 6 次调查	2003 年 6 月第 7 次调查	2008 年 6 月第 8 次调查
公历日本历	1988~1993 年 昭和 63~平成 5 年	1993~1998 年 平成 5~10 年	1998~2003 年 平成 10~15 年	2003~2008 年 平成 15~20 年
重大事件	89 昭和天皇去世 89 实施消费税 89 柏林墙倒塌 91 海湾战争 91 苏联崩溃 92 东京佐川急便公司事件 93 皇太子成婚 93 日本联盟赛开幕 93 五五体制崩溃	94 自社联合政权 95 阪神淡路大震灾 95 奥姆真理教事件 97 神户小学生杀人事件 98 长野冬季奥运会 98 和歌山毒物杀人事件	99 手机网络服务开始 99 确立国旗国歌法 00 介护保险制度开始 01 美国同时多起恐怖事件 02 北朝鲜绑架者 5 人归国 03 伊拉克战争 03 个人信息保护法实施	04 平成大合并 04 汇款诈骗 05 人口第一次自然减少、出生率 1.26 06 教育基本法修改 06 年会记录遗漏问题 07 食品假冒标记问题 07 中国食品有毒物混入
历代首相	竹下、宇野、海部、宫泽、细川	细川、羽田、村山、桥本、小渊	小渊、森、小泉	小泉、安倍、福田
经济	90 入国管理法修订 ○股价暴跌 ○地价回落 ○裁员	98 金融危机、银行、企业大量倒闭	99 向打牌银行投入国有资金 99 就职冰河期 99 欧元开始启动 01 银行强迫回收贷款 02 银行重组	04 新币等产(防伪钞) 05 存款保护解禁 06 零利息政策解禁 07 邮政民营化 07 美国房屋次贷问题 ○劳务派遣虚假承接 ○徒有虚名的管理职

现代日本人的意识记录

	1993年10月第5次调查	1998年10月第6次调查	2003年6月第7次调查	2008年6月第8次调查
景气"扩大"期		99.1～(IT景气)	02.1～(伊弉诺尊景气)	
	93.10～(刺激兴畜景气)			
后退期	91.2～(第1次平成不景气)	97.5～(第2次平成不景气)	00.11～(第3次平成不景气)	
	'89 '90 '91 '92 '93 '94 '95 '96 '97 '98 '99 '00 '01 '02 '03 '04 '05 '06 '07 '08年			
世情风俗	89 AV女演员 TUGUMI,《厨房》 90 不结婚症候群,《小丸子》 91 暴露性写真集 92 少子化,阿金 阿银银婆婆,《清贫的思想》 93《廊桥遗梦》 ○《海螺小姐》益男现象 ○中老年离婚	94《大往生》 95 志愿者、无党派、《叆菲的世界》 97《BOKEMON》、《FLCL》、《失乐园》 98 葡萄酒热,易折的孩子们	99 团子三兄弟 00 出现IT革命、"官"对"民" 01 银屏政治,抵抗势力,服务器《千与千寻》 02 日语热,诺贝尔双奖 03 宣言书 ○疯牛病 ○新病毒SARS	04《冬天的索纳塔》 05 小泉剧场 06"格差"问题社会化 07 手机小说贫困,全职贫困,婴儿邮箱 ○NEET(无业者) ○品格

Ⅱ 男女与家庭的理想形态

Ⅱ-1 关于结婚——也许并不需要结婚

在这 35 年间,家庭状况发生了巨大的变化。仅仅通过对"职业女性的增加"、"晚婚"、"低生育率"、"高龄者的增加"等方面的数据进行观察,便不难察觉到社会的改变。伴随着这些问题的出现,人们的思想也发生了巨大的变化。为何会出现这样的状况呢,让我们先从家庭的角度开始分析吧。

"必须要结婚"已成为少数派观点

在 1970 年时,初次结婚的平均年龄为:男性 26.9 岁,女性24.2岁。此后逐年上升,到 2008 年时,初次结婚的平均年龄,男性上升到 30.2 岁,女性上升到 28.5 岁(厚生劳动省"人口动态调查"),而晚婚与不结婚的人数也在逐年增加。面对这样的变化,在认识层面上又是怎样一种情况呢?

在"日本人的意识调查"中,从 1993 年开始加入了有关结婚以及子女生育方面的问题。答题者从关于婚姻的两个选项中选出一个与自己相符的选项(第 49 问)。

1. 必须结婚。　　　　　　　　　　　　　　　　　(必须)
2. 并不一定要结婚。　　　　　　　　　　　　　　(非必须)

调查结果如图Ⅱ-1 所示。1993 年首次进行调查的时候,认为

"并不一定要结婚"的人数就已经多于认为"必须结婚"的人数了。
到了 1998 年,差距进一步拉大,但之后并无明显变化。

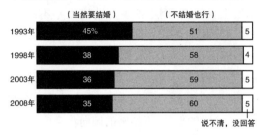

图Ⅱ-1 结婚观(结婚)(全体)

此外,除了这个问题,在最近 5 年或者说最近 10 年的变化虽然
很细微,但是并不是没有一点影响,关于这方面的内容,将在以后
的章节中进行介绍。

不同年龄层对于结婚的态度

对于"并不一定要结婚"的观点,如果从不同年龄层进行观察,
便会发现在年轻女性中抱有此类观点的人数最多(图Ⅱ-2)。1993
年时"并不一定要结婚"与"必须结婚"这两种观念发生分歧点为男
性 45 岁～50 岁之间;女性 50 岁～55 岁之间。在此年龄段之前的
人更倾向于前者,在此年龄段之后的人更倾向于后者。到了 2008
年,抱有"并不一定要结婚"观点的人数进一步增加,而"必须结婚"
的观点则进一步削弱。这两种思想在 15 年间发生了巨大的变化,
分歧点的年龄段提高为男性 55 岁～60 岁;女性 75 岁～80 岁。

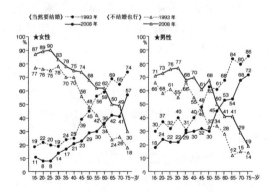

图Ⅱ-2 结婚观(结婚)(按男女年龄层)

图Ⅱ-3为以出生年为依据制作的图表,如图所示,不同年龄层之间数据有不少重合的地方。也就是说,与其说随着年龄的增长,思想意识发生了转变,倒不如说即使出生年不同,但不同年龄层间的思想意识却相对固定。此外在1993年时并未参与调查的1979年~1992年出生的人群中,男性的想法与1974年~1978年出生的男性基本一致,而女性中认为"并不一定要结婚"的人数则较多。随着新时代的到来,男女之间对于结婚的观念也存在着巨大差异。随着年龄段的更替,不结婚的倾向将会愈加明显。

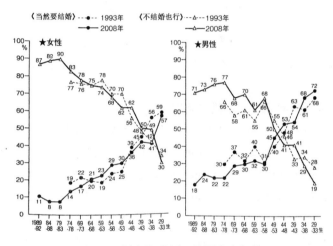

图Ⅱ-3　结婚观(结婚)(按男女生年龄)

通过20岁、30岁年龄层的结婚人数看男女之间的差异

　　男女之间的差异令人关注。在接受2008年调查的女性中,35岁以下的年轻人中,有超过80％的人认为"并不一定要结婚",而20岁年龄层的人中,超过90％的人认为"并不一定要结婚"。另一方面,认为"并不一定要结婚"的年轻男性却并未超过80％(图Ⅱ-2)。

　　此外未婚者与已婚者在思想上存在一定差异。如果将未婚者与已婚者通过性别进行区分比较(表Ⅱ-1),抱有"并不一定要结婚"观念的未婚男女比已婚男女更多。这其中的人数差距(男性26％、女性27％)要远远高于已婚·未婚栏的男女。也就是说,已婚·未婚者之间的差距要比男性与女性之间的差距更大。

现代日本人的意识解读

※按男女区分未婚既婚的结果

★全体	男性	女性	男女差
未婚	74％	87	13
既婚	48	60	12
未既婚差	26	27	
★20·30岁年龄层	男性	女性	男女差
未婚	76％	87	11
既婚	71	83	12
未既婚差	5	4	

男　女　差＝女性结果－男性结果
未既婚差＝未婚结果－既婚结果

　　如果只对20岁、30岁年龄层的男性女性进行观察的话，对于
"并不一定要结婚"的观念，已婚者与未婚者之间并无太大差距，但
是男性与女性之间却有着相当大的差距。在女性当中，认为"并不
一定要结婚"的未婚人士约为87％，已婚人士约为83％，两者并未
拉开太大差距。在男性当中，认为"并不一定要结婚"的未婚人士
约为76％，已婚人士约为71％，两者之间也无明显差距。但是如果
将未婚男性与未婚女性进行比较，便不难发现 抱有"并不一定要结
婚"的女性（87％）比男性（76％）要高出很多。

　　通过数据对全体进行观察，会发现已婚者与未婚者之间对于
结婚的观念存在很大差异。这是因为在高龄层中，已婚者占了很
大比重，认为"并不一定要结婚"的人数变少了。

20岁、30岁年龄层的女性中高学历未婚者居多

　　让我们再来看看年轻人的结婚率与学历的关系。首先让我们
将学历分为三类，"初中毕业"和"高中毕业"的学历统称为"中学学
历"，将"专科毕业"以及"大学、研究生毕业"统称为"高学历"，还有
一类为"在读中"。图Ⅱ-4为20岁、30岁年龄层的男女的婚姻以
及学历的情况。未婚人群整体呈上升趋势，而且男性的未婚率高
于女性。学历与结婚的关系在男性中并不明显，但是未结婚的"高
学历"女性远远高于"中学学历"的女性。

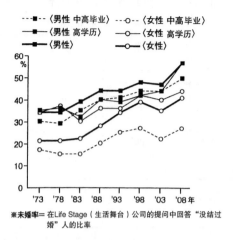

图Ⅱ-4　20·30岁年龄层未婚率（按照男女和男女学历）

"想要结婚的人"占多数

根据 2004 年的"现代日本人的生活方式调查"（面向 16 岁以上，采取个人面试的方式，调查的有效率为 51.1％），未婚者中不想结婚的人数仅有 8％，有 53％的人认为"遇到合适的人就会结婚，如果遇不到就不结"，而"到了一定年龄后想要结婚"的人占了 18％，由此可见想要结婚的人还是占了大多数。

对于现在尚未结婚的理由（可多选）："还很年轻"占 37％，"并不认为一定要结婚，而且没有体会到结婚的吸引力"占 15％，"想专心投入到工作和学习"占 20％，"不想放弃兴趣爱好"占 15％，"不想失去单身自由"占 15％，"未遇到合适人选"占 31％，"没机会与异性打交道"占 12％，"手头不够宽裕"占 17％，对于结婚这一选项，未婚者并非完全持否定态度。

随着"必须结婚"这一传统观念的逐渐淡漠，个人在面对结婚这道选择题时，心情也沉重了许多。

Ⅱ-2　对待孩子的两种观念

"有孩子是理所当然的"观念至 1998 年已减少

现在日本的出生率正逐年递减。1973 年，刚开始进行"日本人的意识"这项调查时,正值第二次生育高峰,一年有 209 万新生命诞生。但是到了 2003 年这一数字减少到了 112 万,到了 2008 年更是减少到了 109 万,几乎只有 1973 年统计数据的一半。

这是因为为人父母的人数有所减少,而且生育的人数也出现了变化①。根据厚生劳动省的"人口动态统计",2007 年,15～49 岁女性的出生育率为 1.34,虽然比之前略有提高,但是总体呈现下降的趋势。

从 1993 年开始,在问卷调查中加入了"结婚之后理应生小孩"和"结婚之后不生也没关系"这一组问题。参与调查者根据自己的情况选择答案(第 50 问)。

1. 结婚之后理应生育子女　　　　　　　　（理所当然）
2. 结婚之后不生育也没关系　　　　　　　（非必需）

1993 年时,尚有 54％的人认为结婚之后生育子女是"理所当然"的,但是到了 1998 年时减少到了 48％,而到了 2003 年时,认为"不一定要生育子女"的人数反超了认为"理应生育子女"的人数(图Ⅱ-5)。

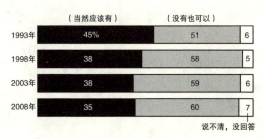

图Ⅱ-5　结婚观(要孩子)(全体)

"不一定要生育子女"的观点多存在于 40 岁以下女性中

接下来将男女分开进行观察,首先是男性群体。1993 年时,59％的男性认为"生育子女是理所当然的",认为"不一定要生育"

---

① 国立社会保障·人口问题研究所"出生动向基本调查"

结婚 15～19 年夫妇的平均生育数在 1972 年达到 2.20 之后持续 30 年间基本稳定在这一数值,但在 2005 年的调查中,减少到了 2.09——原书注。

的人约占 36％。2008 年时,认为"理所当然"的男性约占总体的
50％,而"不一定要生育"的男性占到了 44％。虽然认为"生育子女
是理所当然的"男性在逐渐减少,但是仍然高于认为"不一定要生
育"的人数。

　　但是,女性群体却呈现出另一种态势。1993 年,认为"生育子
女是理所当然的"女性约占 50％,高于"不一定要生育"的 44％。到
了 1998 年,认为"理所当然"的女性下降到了 42％,而"不一定要生
育"的女性上升到了 53％,两者间出现了逆转。到了 2008 年,认为
"理所当然"的女性下降到 40％,而认为"不一定要生育"的女性约
为 52％,自 1998 年之后,在女性当中"不一定要生育"的观点逐渐
占据上风。

　　如果从男女年龄层进行观察,便不难察觉到在年轻女性之中
认为"不一定要生育"的人数较多,特别是在 40 岁以下的各年龄层
都突破了 7 成(图Ⅱ-6)。

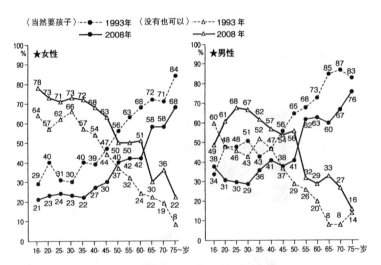

图Ⅱ-6　结婚观(要孩子)(按男女年龄层)

　　已生育子女的人群与尚未生育子女的人群之间是否会存在差
距呢? 表Ⅱ-2 为 20 岁、30 岁年龄层的调查结果。

表Ⅱ-2　结婚观（要孩子）《不要也可以》（2008 年）
※按照男女区分有无孩子的结果

★全体	男性	女性	男女差
有孩子	36％	47	11
无孩子	61	71	10
有无孩子的差	25	24	
★20・30 岁年龄层	男性	女性	男女差
有孩子	63％	74	11
无孩子	66	72	6
有无孩子的差	3	—2	

男女差＝女性结果－男性结果
有无孩子的差＝无孩子的结果－有孩子的结果

首先是关于女性的比较。在已生育子女的女性中，74％的人认为"不一定要生育"，21％的人认为"生育子女是理所当然的"。而在尚未生育子女的女性中，认为"不一定要生育"的女性占到72％，认为"生育子女是理所当然"的女性占到 24％。根据图表我们可以看出已生育子女的女性与尚未生育子女的女性之间并未出现太大差异。

对于这一问题，男性又持有怎样的观点呢？在已养育子女的男性中，63％的人认为"不一定要生育"，44％的人认为"生育子女是理所应当的"，在这方面与女性有较大分歧。在尚未养育子女的男性当中，认为"不一定要生育"的人占到 66％，认为"生育子女是理所应当"的人占到 31％。虽然不像已生育子女的男女之间那样存在较大差距，但是尚未生育子女的男女之间思想差异依旧明显。

由此可见，在进行纵向比较时，男性与女性对于是否生育子女这一问题上并无太大差异，但是进行横向比较时，是否生育子女的男女观念之间却出现了较大差距。

想要孩子

在之前介绍的"现代日本人的生活方式调查"中，即使是没有生育子女的人，"想要孩子"的比例也占到了 71％，远远高于"不想要孩子"的18％。特别是想要孩子的比例，在 20 岁、30 岁年龄层的人当中占到了 8 成的比例。关于孩子所担当的角色，有 68％的人认为是"家庭的纽带"，53％的人认为是"工作与人生的激励"，大部分人都选择了积极的选项。

同时，也有人选择了相对消极的选项。其中最多的选项是"为子女是否能够健康茁壮的成长感到不安"，这一选项将近33％。其次是"经济方面的负担"（30％），"将失去自由的时间"（25％），"无法做自己想做的事，行动受到限制"（22％）。由此可见，很多人对于子女教育、经济负担、时间、行动等方面受到的限制表示担忧。这些倾向在20至30岁年龄层的女性中尤为明显，更是有38％的女性认为"工作不能同预期般发展，无法继续工作"。在生育率逐年降低的背后，不光有晚婚或不结婚的原因，其实对于子女教育的担心也是一个重要因素。

过长的女性家务时间

实际上，需要带孩子的女性每天需要花费相当长的时间在家务上。NHK的"国民生活时间调查"对20岁、30岁年龄层的已婚在职者进行了取样。其中，需要照看幼儿的男性会比没有孩子的男性多出50分钟的家务时间。而需要照看幼儿的女性则比没有孩子的女性多出3个小时的家务时间（图Ⅱ-7）。如果把工作相关的时间与家务的时间例如"女性"、"已婚"、"有工作"、"照顾幼儿"等这几项加在一起的话，那么将达到11小时35分钟，不难想象这样忙碌于家务的女性是怎样一种状态吧。而在最近10年中，"已婚"、"有工作"、"照顾幼儿"的男性的家务时间则增加了20分钟，工作时间更是增加了38分钟。只要男性的工作时间不缩短，那么无论男性还是女性都无法平衡调配工作与生活。

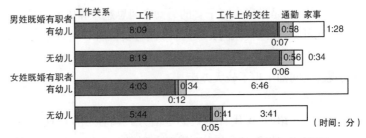

图Ⅱ-7　20·30代男女既婚有职者的工作时间和家事时间
（2005年、按幼儿有无、平均）

Ⅱ-3　性观念—脱离结婚的性爱观

　　结婚人数以及婚后生育人数的减少,加剧了少子化的进程,而人们对于性观念的转变也是不能忽视的因素之一。

　　面向年轻女性的杂志《安安》于1989年初次刊登了名为"性爱让您更美丽"的特辑。这一对性爱积极肯定的特辑大受欢迎,并且之后每年都有连载。社会心理学者岩男寿美子曾对电视剧进行调查,而在有关"性爱描写对剧情推动起到重要作用的比例"中,1980年时这一比例仅占到2%,而到了1994年,这一比例增长到了18%[②],性爱自由的观念正在渐渐蔓延。

　　下面是对未婚年轻人就婚前性行为进行的调查:

　　1. 只有完成了婚礼才能发生性关系　　　　　　（不可）

　　2. 如果有婚约在身便可以发生性行为　　　　（有婚约可）

　　3. 如果是彼此深爱对方的男女朋友,可以发生性关系

　　　　　　　　　　　　　　　　　　　　　（有爱情可）

　　4. 可以在没有婚姻和爱情的基础上发生性关系

　　　　　　（无条件可）

　　选项1属于对性观念较为严格的一类,性、婚姻、家庭是不可分割的。而选项2、3选项虽然程度不同,但是都属于相对开放的思想。即将性与婚姻分割

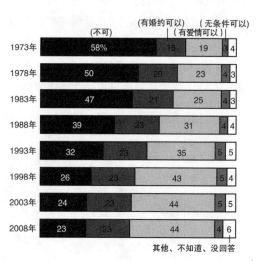

图Ⅱ-8　关于婚前接触（全体）

　　②　岩男寿美子《电视的信息》,劲草书房,2000年192页——原书注。

开来,性带来的"快乐"与性所赋予的"生殖"能力可以区别对待。

之所以设置这样的问题,其实是有原因的。"虽然明治时期,欧洲的基督教传入日本,传统观念(对于年轻人的性关系相对宽容)被打破,禁欲观念被确立,特别是要求女性必须是处女之身。但是日本人的观念似乎再度发生了变化③。"就如同预测的那样,日本人的观念如图所示的确再度发生了变化(图Ⅱ-8)。

如果彼此深爱对方便可以发生性关系

1973 年时,"只有完成了婚礼才能发生性关系(不可)"的观念接近 6 成,但是随着"如果是彼此深爱对方的男女朋友,可以发生性关系(有爱情可)"的观念逐渐增长,到了 1993 年时转变成主流观念,到了 2003 年时增长到了 44%。1973 年时"如果有婚约在身便可以发生性行为(有婚约可)"的观念占到了 15%,排在第三位。到了 1978 年时增长到 20%,之后便一直维持在这一数值上。同上所述性观念逐渐从保守转向了自由、开放,最近十年也未发生明显变化。

虽然男女间都存在这种倾向,但是原本认为"只有完成了婚礼才能发生性关系(不可)"的女性急剧减少,对于婚前性行为的认识,男女间的差距逐渐缩小(图Ⅱ-9)。"如果是彼此深爱对方的男女朋友,可以发生性关系(有爱情可)"的想法虽然占大多数,但是对于性观念,男女之间的差距并未改变,不论在何时进行调查,认为"不可"的人中,女性始终多于男性,而认为"有爱情可"的人里,男性多于女性。尽管持开放思想的女性逐年增多,但是仍然低于男性。

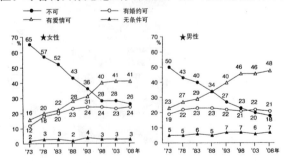

图Ⅱ-9 关于婚前接触(按男女)

----

③ 井上辉子:《女性的种种意识》,NHK 放送文化研究所编《日本人的意识—NHK 舆论调查》,至诚堂,1975 年 135 页——原书注。

因年龄层而有区分的婚前性行为观念

随着出生年代的不同,在这35年间对于婚前性行为的认识上"不可"与"有爱情可"这两种观念发生了一些变化(图Ⅱ-10)。"有爱情可"的观念随年龄的增长呈递减的趋势,年轻人中占据比例较高,越是年长者越保守。而"不可"的观点则随年龄的增长呈递增的趋势。年长者中的比例较高,在年轻人中的比例较少。并且图表中的折线有相当一部分相互重叠,由此可见,即便调查的时间不同,可是调查的结果并未出现较大波动。对于婚前性行为的认识,不同年龄段之间存在较大差异,但是每个年龄段的想法基本是固定的。也就是说,即使每个年龄段的想法不发生改变,但是随着国民一代代的更替,年轻人越来越多,整体的意识从保守转向开放。由此可见,对于婚前性行为认识的改变与世代更替有着密不可分的关系。但是在1943年以前出生的人中认为"不可"的人也呈现出递减的态势,此外避孕技术的发展、女性走入社会以及经济上的自立、男女平等等意识的渗透都在35年间对这种观念产生了较大影响。

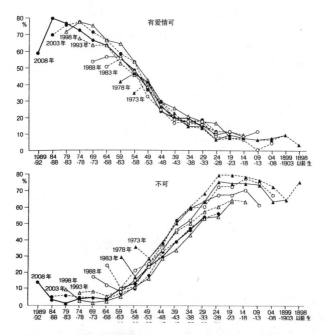

图Ⅱ-10 关于婚前接触"有爱情可"和"不可"(按出生年)

"结婚·性爱·生育"一体观念的颠覆

从 1993 年对婚姻展开调查后发现,认为"必须结婚"、"结婚之后理应生育子女"等持积极态度的人呈减少趋势,而认为"并不一定要结婚"、"结婚之后不生育也没关系"的人数则增长了不少。抱有"如果是彼此深爱对方的男女朋友,可以发生性关系"的人在1973 年~2008 年这 35 年间增长了许多。而这三种想法更是在以年轻人为中心的人群中传递开来。现在的家庭观更是向着个人优先方向发展,这是造成"家庭个人化"④的一个重要因素。在这里将同意这三种想法的人称为"家庭个人化型"。

"家庭个人化型"的人群比例,在 1993 年占到了 17%,1998 年时增长到 24%,2003 年占到 26%,2008 年为 24%。"家庭个人化型"的人群比例在 1993 年至 1998 年间持续增长,1998 年后趋于稳定,四个人里均有一个人属于这种类型。

如果就"家庭个人化型"对男女年龄层单独进行观察,便不难发现 39 岁以下的年轻女性超过了年轻男性,而在 20 岁年龄层的女性更是超过了半数(图Ⅱ-11)。"结婚·性爱·生育"三位一体的观念正在年轻人中特别是在年轻女性中,表现出逐渐消亡的趋势。

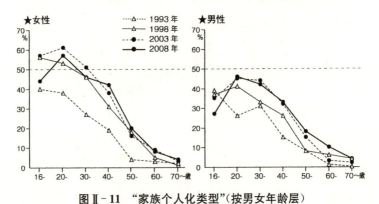

图Ⅱ-11 "家族个人化类型"(按男女年龄层)

---

④ 目黑依子:《总论 日本家庭的近代化》,目黑依子·渡边秀树编:《讲座社会学 2 家庭》,东京大学出版会,1999 年 15 页。"家庭的个人化并非是指单身的增加以及家庭中共同饮食,分工协作的减少,而是指作为独立的现代社会个体,现在家庭正在逐渐失去其基础的变化过程的概念。"——原书注。

Ⅱ-4　女性的家庭与工作—应该尽可能继续工作

半数支持"家庭工作两不误"

日本的年轻女性展现出了对新生活的渴望,站在女性角度,她们对家庭与工作又表达了一种怎样的愿望呢?

战后10年,有很多人从事于农林水产业,但是进入20世纪60年代后,随着经济的高度发展,产业结构发生了巨大变化,上班族的男性越来越多。与此同时,越来越多的女性成为了专职主妇,一心一意为家庭默默奉献。"男人在外工作养家,女性在家忙活家务·照顾孩子"的观念也逐渐形成。但是,进入70年代后期,从事计时工的已婚女性逐渐增加,而根据2008年的调查,将近一半的已婚女性都有正式或非正式的工作。专职主妇的人数从1973年的24％减少到了2008年的19％,而有工作的女性则从1973年的39％增长到了2008年的47％。

以下为女性对于结婚后是否应该继续工作的问卷调查(第12问)。

1. 结婚后一心一意为家庭服务。　　　　　　　　(专注于家庭)
2. 结婚以后直到下一代诞生为止继续工作。　　(育儿优先)
3. 即使结完婚生完孩子,也还会继续工作。

　　　　　　　　　　　　　　　　　　　　　(工作家庭两不误)

接下来让我们看看在这35年间发生了怎样的变化。1973年时,认为"育儿优先"的人最多,达到了42％;认为"工作家庭两不误"的最少,只有20％。此后,认为"专注于家庭"的人逐渐减少,而认为"工作家庭两不误"的人数逐渐上升,到了1998年"工作家庭两不误"成为了第一选择,几乎两个人里就有一个人是这样想的。到2003年时虽然仍略有增长,但是在最近五年中无明显变化(图Ⅱ-12)。

女性家庭与工作观念的思想变化

通过性别进行分析后发现,在女性当中,早在1978年,"工作

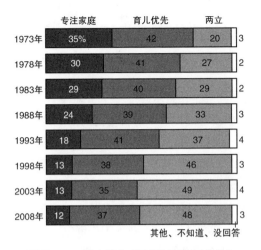

图Ⅱ-12　男女状态(家庭和职业)(全体)

家庭两不误"的观点便已超越了"专注于家庭"的观点,到了1993年更是超越了"育儿优先"的想法。而在男性方面,"工作家庭两不误"的观念直到1993年才超越"专注于家庭"的观念,到2003年才完成了对"育儿优先"观念的超越。男性思想变化的进程比女性晚了将近10年(图Ⅱ-13)。

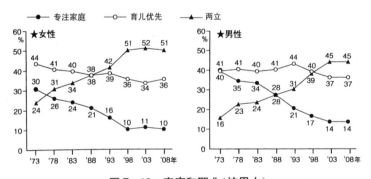

图Ⅱ-13　家庭和职业(按男女)

如果从性别以及年龄层进行观察的话不难发现"工作家庭两不误"的观念在男女各年龄段都有大幅增长。增长最多的年龄段为男性40岁年龄层前半段以及50岁年龄层前半段;女性20岁年龄层前半段以及40岁年龄层到50岁年龄层前半段。

日本女性的劳动率的分布情况根据"独身、结婚、育儿、子女的

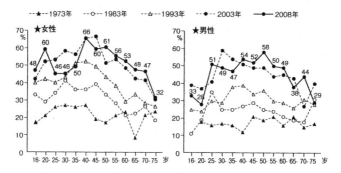

图Ⅱ-14　男女状态（家庭和职业）两立（按男女年龄层）

自立"这四个阶段呈现出 M 型（图Ⅱ-14）。在 20 岁年龄层后半段的女性中以及处于 M 型底部，辞退工作并成为专职主妇的 30 岁人群中，"工作家庭两不误"的观念并未有明显增长，反倒是最近 5 年的减少较为明显。

即使有孩子也仍然支持"工作家庭两不误"

接下来从是否已婚以及是否生育子女的角度对"工作家庭两不误"的观点进行观察（图Ⅱ-15）。我们将生活方式分为"独身"、"已婚·无子女"、"已婚·子女为初中生及以下"、"已婚·子女为高中生及以上"这四个部分。在这 35 年中，"工作家庭两不误"的观点在这四类人群中都有大幅提升，其中男性增加的比例更高，男女间的差距正在缩小。

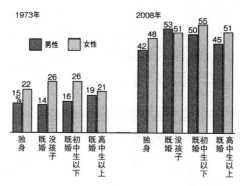

图Ⅱ-15　男女状态（家庭和职业）两立（按照生活舞台公司）

工作中的女性又是怎样的想法呢。根据 2008 年对职业女性的调查结果，"工作家庭两不误"的想法在这四种人群中所占比例都挺高("独身"48％、"已婚·子女为初中生及以下"68％、"已婚·子女为高中生及以上"57％)。特别是子女为初中生及以下的人群,虽在生活上为家庭和子女费尽心思,但是抱有这种想法的人几乎占到了三分之二,远高于"育儿优先"的人群。此外,关于"工作家庭两不误"的想法,也对主妇进行了调查。其中 在"子女为初中生及以下"的人群中,占到了 43％,在"子女为高中生及以上"的人群中,占到了 48％。

根据"现代日本人的生活方式调查",女性希望继续工作的理由(最多三选):"家庭及自己的生活费用"70％、"为将来存款"48％、"想与社会保持联系"30％、"想得到精神上的满足"15％。此外,与男性相比选择"与社会的联系"以及"精神上的满足"的女性更多。而在家庭主妇中,"与社会保持联系"的人最多,高达 34％。

职业已婚女性过长的家务时间

结婚以后,家务·育儿等负担并未得到改善。察看一天的时间分配,便会明白结婚以后,家务以及育儿的重担都会压在女性的肩上。根据 NHK"国民生活调查"(2005 年全国 10 岁以上)的结果,以 20 岁、30 岁年龄层的职业男性为例,对已婚以及未婚者进行比较,工作与家务的时间并未因为结婚而发生明显变化(图Ⅱ-16)。但是对女生来说婚前与婚后却存在着巨大差异。未婚女性的生活更加接近男性,家务时间短,工作时间长;而已婚女性却要承担将近 5 个小时的家务以及工作的双重负担。

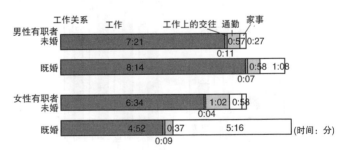

图Ⅱ-16 **20·30 年龄层男女有职者的工作时间和家务时间(2005 年,按未婚、既婚平均)**

由此可见,职业已婚男女之间的差距依然很大,男性的家务时间,从 1995 年的 54 分钟延长到了 1 小时 8 分,而女性则只缩短了

10 分钟,从 5 小时 26 分钟减少到了 5 小时 16 分钟。在这 10 年间,虽然男女间的差距依然很大,但是男性在家务时间上延长了 10 分钟,因此帮助女性减少了 10 分钟的负担,但总体上女性的家务时间仅仅得到了些微的改善。

对于家务负担与别国女性的比较

如果将日本女性不同年龄段的劳动率(将 15 岁以上工作者与失业者一起纳入计算范围)与其他国家进行横向比较,便不难发现其中的差距。在日本,当进入到生儿育女的时期,30 岁年龄层的女性从职者往往会明显减少,但是进入到了 40 岁以后又会明显增加。与日本的 M 型不同的是,瑞典、德国、美国并未呈现出这种突然减少的现象,而是呈现出梯形的形态(图Ⅱ-17)。

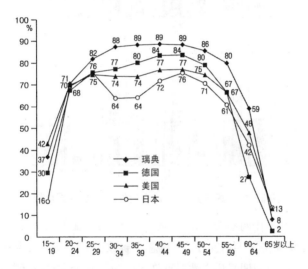

图Ⅱ-17　按女子年龄阶段统计的劳动力率(国际比较)

此类梯形形态与日本有何不同,ISSP"国际调查"(2002 年1800名日本人参与调查、个人面谈的方式)对于"家庭与男女的分工"进行了调查,日本、瑞典、德国、美国成为比较的对象(图Ⅱ-18)。选项为"总是自己"、"基本上是自己"、"两人基本相同或两人一起"、"基本上是对方"、"总是对方"、"二人以外的人"。从对有共同居住伙伴的女性进行观察,便会发现与其他三国的不同。除了"在家换灯泡"以外,半数以上的日本女性都会选择"总是自己一个人做",

选择"两人基本相同或两人一起做"的人少之又少。特别是在"照顾生病家人"、"购买日常用品"方面，与其他三国女性存在较大差距。

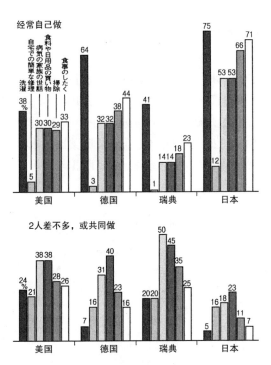

图Ⅱ-18　家务分担状况（有伙伴的女性，4国比较）

"家庭工作两不误"的想法是希望从"男人在外工作养家，女人在家忙活家务·照顾孩子"的观念中解放出来。在育儿与家务方面，女性的负担明显比男性要重许多。为了减轻女性的负担，真正实现女性对于"家庭工作两不误"的追求，就有必要对男性的工作方式、劳动条件进行调整，并且推行家务平等分工及进行适当的教育。不仅仅只针对于女性，男性的工作方式以及生活方式的调整也应得到重视。

Ⅱ-5 丈夫做家务—理所应当

选项"做家务理所应当"增加最多

过去,初中的技术、家庭课程教育,男生和女生的课程内容是不同的。而到了高中,单单只有女生被要求完成 4 个学分的家庭课程。1974 年,以市川房枝为代表,组织了"男女共修家庭课程促进会",男生女生共修家庭课程的思想渐渐传播扩展开来。1979 年,联合国颁布撤销歧视女性条例,日本政府也对此作出积极响应,并开始致力于男生女生共修家庭课程的开课设置。到 1993 年,男生女生共修家庭课程进入了中学课程,1994 年进入到高中的课程设置。

随着社会的变化,学习的内容也发生了变化,也不会因为性别的不同就区别编排课程。现在,男生和女生在课程内容一致的情况下进行学习。

对于丈夫做家务以及照顾孩子的观点,设置了两个问题。"作为一家之主不应该做这些(不应该做这些)"和"夫妇理应互相帮助(应该互相帮助)"(第 13 问)。

总体来看,1973 年,认为"应该互相帮助"的人占到了 53％,并且在此后的 35 年间持续增长,到 2008 年达到了 86％(图Ⅱ-19)。而另一方面,认为"不应该做这些"的人数逐年减少,2008 年时只剩下 10％。在其他方面的调查数据中,还尚未出现比这更大的差距。

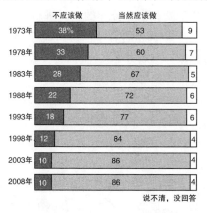

图Ⅱ-19　权威·平等"丈夫帮助做家务"(全体)

从男女各年龄层来看,在这 35 年中认为"应该互相帮助"的比例在各年龄层都呈增长态势(图Ⅱ-20)。甚至从年轻人到 50 岁龄层人群里,认为"应该互相帮助"的比例超过了 90%。特别是在"育有初中生及以下子女的已婚子女"和即将为人妻为人夫的"单身男女"中,有 90% 以上的人选择了"应该互相帮助"。

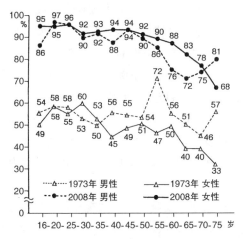

图Ⅱ-20　权威·平等"丈夫帮助做家务"(当然应该做)(按男女年龄层)

在思想上,家务·育儿已不再是女人的专利,男性理应帮忙。但是,认为"女性也应该继续工作"的人持续增加,而丈夫仅仅是"帮帮忙"的话是否能够给予女性足够的支持呢?

生活费与家务应该平等

NHK 曾对生活费和家务分配的情况进行调查(2003 年 3 月,对全国 20 岁以上 2000 人次进行了面试调查)。其中,"生活费由夫妻双方共同挣取,家务由双方平摊(生活费夫妻双方,家务平摊)最多,占到了 43%,排在第 2 位的为"丈夫挣生活费,妻子负责家务(生活费丈夫,家务妻子)"占到了 29%。而"生活费由夫妻双方共同挣取,妻子负责家务(生活费夫妻双方,家务妻子)"占到了 12%,"生活费由丈夫挣取,家务双方平摊(生活费丈夫,家务平等)"则占到了 11%。

接下来让我们看看在不同年龄层中,所占比例最高的回答(图Ⅱ-21)。在 20 岁年龄层的年轻男子中,持"生活费夫妇共同挣取,家务共同分担"观点的人占到了 44%。于此相对的是女性的想法。

到 50 岁年龄层,认为"生活费夫妻双方共同挣取,家务平摊"的比例达到了 50% 以上。对于生活费以及家务的分担,男女之间存在较为明显的差距。此外,认为家务应该平摊的比例("生活费夫妻双方,家务平摊"和"生活费丈夫,家务平等")超过半数,达到 53%。此想法在 20 岁年龄层到 40 岁年龄层的男性中超过了半数以上,在 20 岁年龄层到 50 岁年龄层的女性当中同样超过了半数。越是年轻人越能够接受平摊家务的观念。

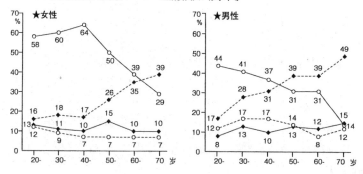

图Ⅱ-21　夫妻的理想状态(2003 年、按男女年龄层)

Ⅱ-6　理想家庭—不断增加的"家庭内互助"

从"性别责任制"转向"家庭内部合作"

结婚与家庭的观念随时代的发展产生了巨大的变化。那么什么样的家庭才能称得上是理想家庭呢? 接下来让我们看一看具体的问题(第 8 问)。

1. 父亲保持威严,母亲在旁尽心照顾　　　　(夫唱妇随)
2. 父母各自投入到各自的兴趣爱好中　　　　(夫妇自立)
3. 父亲专心工作,母亲尽心照顾家庭　　　　(性别责任制)
4. 父亲关心家庭,母亲专心构筑温暖家庭　　(家庭内部合作)

经过这 35 年，1973 年曾经最多达到 39％的"性别责任制"，到了 2008 年时，只有 16％，甚至不及原来的一半（图 Ⅱ-22）。如果加上"夫唱妇随"的人数，在 1973 年时，一度超过了六成。但是到了 1998 年之后这一想法却又下降至原来的一半，约为 30％左右。

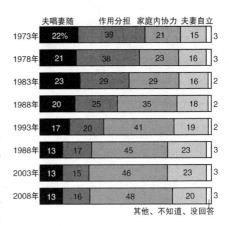

图Ⅱ-22　理想的家庭（全体）

而"家庭内部合作"在 1973 年时只有 21％，但是到了 1988 年时一跃成为最多的选项，达到了 35％，到 2008 年时，更是增长到了 48％。此外，"夫妻自立"虽然缓缓增加，但是 2003 年到 2008 年之间却略有减少。总体上来说，"夫唱妇随"和"性别责任制"的观念正逐渐减少，而持有"家庭内部合作"以及"夫妻自立"观念的人占到大多数。

如果将男女区分进行比较的话，便会发现不论是男性还是女性，"性别责任制"的观念逐渐减少，而"家庭内部合作"占到大多数。关于"家庭内部合作"的想法，到 1983 年为止，男女间并未出现太大差异，但是现在却拉开了差距（图Ⅱ-23）。

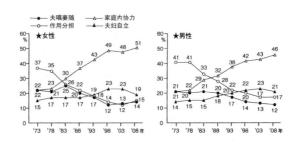

图Ⅱ-23　理想的家庭（按男女）

越是年轻人越推崇"家庭内部合作"

在这 35 年中，理想家庭已经悄悄地从"性别责任制"转换到了"家庭内部合作"上。图Ⅱ-24 为出生年与这两种观念转变的关系。

越是年轻人越容易接受"家庭内部合作"的观念,反倒是上了年纪的人,很难打破"性别责任制"这一传统观念。关于"性别责任制",几乎所有的数据都随着时代的推移呈下降趋势,并且于1998年之后各数据线几乎重合。也就是说越是上了年纪的人,"性别责任制"的观念越根深蒂固,不论是哪个年龄段,支持这种想法的人都在减少。而另一方面,关于"家庭内部合作",虽然随着时间的推移有所增加,但是,由于数据之间的重合情况存在差异,因此不同年龄段的人之间还是存在着差异的。

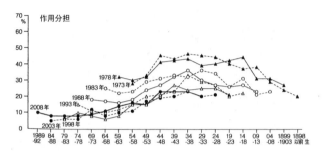

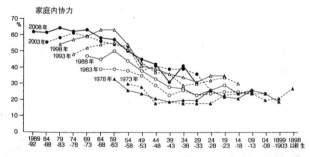

图Ⅱ-24 理想的家庭"家庭内协力"和"作用分担"(按出生年)

由此可见对于理想家庭的认识,随着时代的变迁以及世代交替,从国民全体的角度来看,发生了不小的变化。

持有"夫妇自立"与"家庭内部合作"的人群大多支持"家庭事业两不误"

关于"理想的家庭"与"家庭与职业"的观念,在这35年间发生了巨大的变化,其变化的关系如图Ⅱ-25所示。虽然有部分人认可"性别责任制",但是认为女性应该继续工作的想法在持续发生变化。1973年的时候,认为"家庭事业两不误"的人还并不多,到了

2008 年时,已经与"育儿优先"的观点旗鼓相当。在持有"夫唱妇随"观念的人群中,"育儿优先"的比率要高于"性别责任制"。同样的,在持有"家庭内部合作"的人群中,"专注家庭"的想法在逐渐减

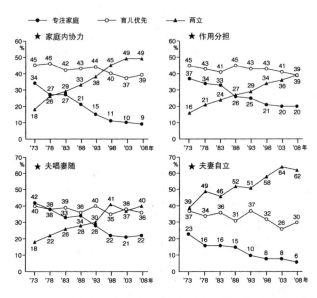

图Ⅱ-25 男女的理想状态(家庭和职业)(按理想家庭的想法)

少,而支持"两立"的人在增加。虽然与持有"性别责任制"观点的人群一样发生了变化,但是增加的速度相对更快,到 1998 年时,在持有"家庭内部合作"观念的人群中,"两立"的观点便已跃升为第一选项。在持有"夫妻自立"观点的人群中,1973年,"育儿优先"与"两立"的观点最多,之后,"两立"的观点持续增加,到 2003 年,便已超过 60%。虽然持有不同家庭观的人群对于女性是否

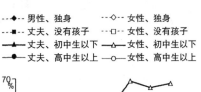

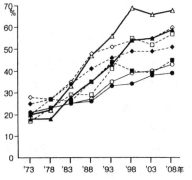

图Ⅱ-26 理想的家庭"家庭内协力"
(按男女生活舞台)

应该继续工作的观点存在着差异,但是变化的趋势总体上是一致的。

接下来让我们从男女生活状态的角度出发对"家庭内部合作"的变化情况进行观察(图Ⅱ-26)。到1978年为止,各类人群间并未出现较明显变化,但是此后,在"育有初中生及以下子女"的夫妻中,增加明显。到了1998年时,不论是在男性还是女性中,这种想法已成为主流。而到了2008年,在"育有初中生及以下子女"的夫妻中,"家庭内部合作"的观念已经占到了很高的比例,妻子中达到68%,丈夫中达到了59%,属于所占比例最高的选项。在"家庭内部合作"的比例持续走高的背景下,面对子女教育问题,夫妻双方更加愿意积极地去承担责任。

Ⅱ-7 理想父亲—对"积极父亲"表示期待的人数再次出现增加

到目前为止对于结婚以及家庭进行的调查基本都显示出长时间顺着一个方向发展的特征。男女之间几乎不存在太大差异,均向着追求自由的方向发展。改变的方式虽然多种多样,但是在2003年到2008年这5年间以及1998年以来,这10年间的变化比以前要缓慢得多。其中不乏停滞不前或者是倒退的情况。"理想父亲的形象"便是其中一例。

提意见的父亲

曾经做过这样的调查,调查的对象为应届毕业走向社会的男子,调查的内容是父亲采取怎样的态度最为合适(第14问)。

1. 自己做榜样,让孩子学习　　　　　　　　　　　　(模范)
2. 以过来人的身份提出建议　　　　　　　　　　　　(忠告)
3. 以平等的身份相处　　　　　　　　　　　　　　　(伙伴)
4. 给予子女必要的信赖,不过多进行干涉　　　　　　(不干预)

在这35年间,认为父亲应该"以过来人的身份提出建议"的人数最多(图Ⅱ-27)。排在第2位的是"以平等的身份相处"。不过从 70 年代开始逐年递减，虽然曾经稳定在 30％ 左右，但是，从 2003 年开始又继续减少，到 2008 年时下降到了 22％。另一方面，选择"给予子女必要的信赖，不进行过多干涉"的比例从 1973 年开始调查时便不断上升，这种上升势头一直持续到 1993 年，从

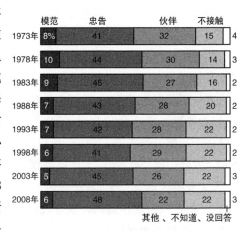

图Ⅱ-27　父亲理想状态（全体）

最初的 15％增长到 22％，并一直稳定在这一水平。最不受欢迎的要数"自己做榜样，让孩子学习"类型的父亲，在这 35 年间一直徘徊在 10％以下，并且还有减少的趋势。

　　从图中不难发现，"模范"类型长期处于遇冷状态，而"不干预"这类表面看似略显消极的想法却在增长。但是在最近 10 年里，"伙伴"的比例不断减少，而"忠告"的比例不断增加，由此可见父亲对孩子的影响正朝向积极的方向发展。在这 35 年间，对于家庭、女性工作的认识以及对于理想家庭的认识，都发生了较大的变化。但是对于父亲的认识，却变化很小。

　　如果单独对男女进行分析比较，便会发现女性对理想父亲要求的变化大于男性，在 2003 年和 2008 年的调查中"伙伴"关系逐渐减少，"忠告"关系不断增加（图Ⅱ-28）。

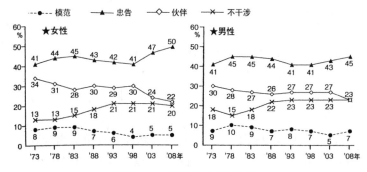

图Ⅱ-28　父亲存在（分男女）

现代日本人的意识解读

此外,在对男女不同年龄层进行对比后便会发现,在不到 50 岁的女性中,"伙伴"类型的减少以及"忠告"类型的增加非常明显,由此可见女性对于父亲的期待也在不断变化(图Ⅱ-29)。

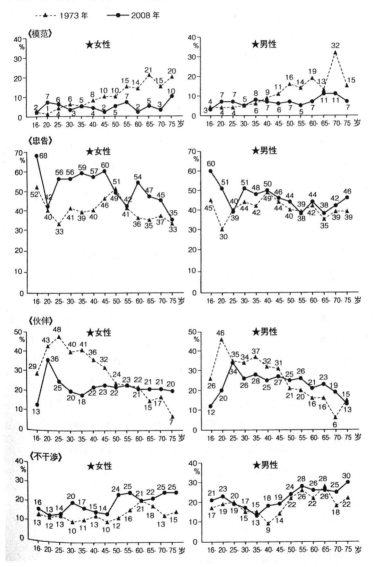

图Ⅱ-29　父亲的理想状态(分男女年龄层)

子女同样对忠告型父亲有所期待

子女对于理想父亲又抱有怎样的想法呢(图Ⅱ-29)。首先对

16 岁到 25 岁这一年龄段进行观察。"忠告"类型一直属于所占比例最高的类型,到 2008 年为止从最初的 45％一直攀升到了 60％。而在 20 岁到 25 岁的年龄段之间,"伙伴"关系曾是所占比例最高的选项,一度高达 46％。但是到了 2008 年时,减少到了 20％,而"忠告"类型增加至 51％,成为第一选项。这一点与男性整体变化趋势相符,"忠告"类型持续增长。看来子女们迫切希望父亲以社会人的身份给出适当建议。

而做为 16 岁～25 岁之间的子女的父亲们(40 岁～55 岁)又是怎么想的呢? 其实,在这 35 年间"忠告"类型一直稳定在 40％前后,并且一直处在第一的位置。能够给予子女适当建议的父亲被认为是理想父亲。此外,在母亲中,这类思想的增长也很迅速。在子女与母亲当中,"忠告"类型处于递增状态,而在父亲中,这一比例虽然很高,但是并非一直处于增长状态。三者之间对于"理想父亲"意识的变化存在着差异。

根据 2002 年的"初中生·高中生的生活与意识调查"(对 1800 名 12 岁～18 岁青少年男女采取个人面谈的方式而对他们的父母则采取问卷调查的方式),在问及是否被子女信任的选项中,父亲们的选择如下:"非常信任"占到 11％,"一定程度上信任"75％。也就是说有 86％的父亲认为得到了子女的信任。但是在 20 年前,"非常信任"曾经达到 26％。而对于"日本的明天是否光明"的问题,父亲、母亲各有 92％的人选择了"并不光明",特别是父亲的选择,与 10 年前的 69％相比明显增长。

正因如此,面对并不明朗的未来,母亲以及孩子更期待父亲能够给予适当的建议。而另一方面,由于父亲的自信不断下降,所以"忠告"类型的增长停滞不前。

Ⅱ-8　老后生活——"夫妇"与"儿孙"的增加

曾经持续增长的"兴趣"出现减少

战后 1947 年,日本人的平均寿命终于突破 50 岁,达到了男性 50 岁,女性 54 岁。在 1973 年首次进行调查的时候,男性的平均年龄达到了 71 岁,女性达到了 76 岁,超过了 70 岁。而到了 2008 年进行第 8 次调查的时候,男性的平均寿命为 79 岁,女性更是达到了 86 岁。退休之后,子女们又都成家立业,大部分人的老年生活约 20 年之久。

在平均寿命延长之后,人们对于如何安度晚年又抱有怎样的 态度呢。调查问卷给出了以下 6 个选项(第 15 问)。

1. 与子孙一起安享晚年　　　　　　　　　　　(子孙共度)
2. 夫妻二人和睦生活　　　　　　　　　　　　(夫妻)
3. 坚持自己的兴趣爱好,轻松地度过晚年　　　 (兴趣)
4. 与其他老年伙伴热热闹闹地度过　　　　　　(老年伙伴)
5. 多与年轻人交往,防止衰老　　　　　　　　(年轻人)
6. 尽量保持自己的工作　　　　　　　　　　　(工作)

人们对于老年生活的看法不断发生着变化。"与子孙一起安 享晚年(子孙共度)"的观念在 1973 年时曾经排在第 1 位,达到了 38％,到 1998 年时减少到了 24％。而认为应该"尽量保持自己的 工作(工作)"的人群比例到 1983 年时仍然保持在 20％左右,而到 了 2003 年时减少到了 13％。到 1983 年为止认为"夫妻二人和睦 生活(夫妻)"的比例一直稳定在 10％前后,反倒是在 2003 年增加 至 18％,30 年间几乎增加了一倍。

"坚持自己的兴趣爱好,轻松地度过晚年(兴趣)"的观念到 1983 年为止一直维持在 20％上下,之后持续增长,到 1998 年达到 了 32％,成为了支持人数最多的选项。到 2003 年为止持续呈现出 由"子孙共度"、"工作"转向"夫妻"、"兴趣"的变化规律。

但是最近 5 年,"子孙共度"有所增长,而"兴趣"所占比例有所 下降。到了 2008 年,两者几乎持平(图Ⅱ-30)。而选择"夫妻"的 人也有所增加,如果再加上"子孙共度"的比例我们不难发现选择 家庭的人几乎和 35 年前相同。随着时代的发展人们对于老年生 活的观念也在不断改变。

如果将男女分开观察的话便会发现在 1973 年,不论是在男性 还是女性中,"子孙共度"所占比例最高。在女性当中,这种思想从 1973 年到 1998 年之间持续减少,而"兴趣"所占的比例不断增加,成为了第 1 选项,但是在最近 5 年,"兴趣"有所减少,而"子孙共度"的观念有所增加。在男性当中,选择"子孙共度"与"工作"的人出现减少,"夫妻"、"兴趣"的选项则有增无减。2008 年,在女性当中选择"子孙共度"、"兴趣"所占比例最高,而在男性当中,"兴趣"位居首位(图Ⅱ-31)。

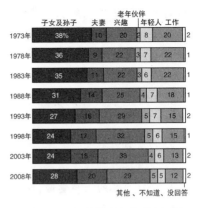

图Ⅱ-30 老后的生存方式(全体)

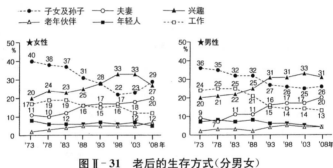

图Ⅱ-31 老后的生存方式(分男女)

接下来,单独从男女的角度对"子孙共度"选项进行观察(图Ⅱ-32)。如图所示,男性呈现出沿右侧上升的图形,并且数据重合处较多。也就是说,虽然调查时间在不断变化,但是想法并未发生太大变化,而男性全体的变化结果,其实是随世代更替而变化的。而在女性中则呈现出另一种变化状态。女性的数据之间间隔较大,除了世代更替产生的影响外,社会环境的变化同样对结果产生了影响。女性的观念在这 5 年间发生了很大的改变,特别是已经步入老年的 1950 年代出生的人群,以及在年龄上可以作为这一辈人子女的一代人中,"子孙共度"的想法在最近 5 年呈现出上升态势。

家庭志向

通过对男女与家庭的理想形态进行调查,我们不难发现人们

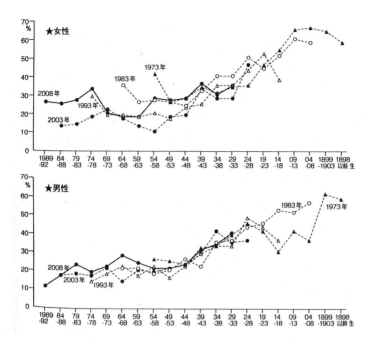

图Ⅱ-32 老后的生存方式"子女及孙子"(按男女出生年龄)

的思想正在渐渐摆脱战前"家庭"与"婚姻"的束缚,朝着更自由的方向发展。从 2003 年的调查结果来看,"子孙共度"观念正在减少,"夫妻"、"兴趣"等观念正在增长。现在的人们并不仅仅追求直系的家庭感、安全感,而是更加注重地区和兴趣等横向关系,希望能过上自己所向往的生活的人数也在不断增加。

　　但是在最近 5 年中有所增长的只有"子孙共度"和一直处于增长趋势的"夫妻"选项。且这两项"家庭志向"的选项在过去的 5 年间仅从 42%增长到 48%。

　　根据"日本人生活的舆论调查"(内阁府,2008 年 6 月,对象为一万人,采取个别面试的方式)的结果,在日常生活中"感到烦恼与不安"的人占到 71%,且在最近的 11 年间增长了 10 个百分点。特别是 50 岁年龄层的人最多,而在这些烦恼当中,所占比例最多的选项便是"老年生活的规划"。或许,是因为有这样的烦恼与不安才使他们越来越依赖"家庭"。

Ⅱ-9　婚后姓氏—回归10年前(妇从夫姓)

民法规定夫妇婚后必须将姓氏统一。并非一定要使用丈夫的姓氏,不过在日本,登记结婚的夫妇中有95％的人统一成丈夫的姓氏(2005年统计,厚生劳动省,平成18年"婚姻统计")。根据日本的法律,如果夫妇不将姓氏统一就不能合法登记结婚,只能成为事实婚姻。虽然将夫妇姓氏分开的建议曾经写入"民法修正纲要",但是一直没有通过审议。

婚后人们对于姓氏的想法并未发生明显变化(第11问)。以下为四个选项。

1. 妻子应将姓氏改为丈夫的　　　　　　　　　　　　　(必须)
2. 根据现状,妻子将姓氏改为丈夫的比较好　　(现状为丈夫)
3. 夫妻应该统一姓氏,但是改为任何一方都可以

　　　　　　　　　　　　　　　　　　　　　　(任意一方都行)

4. 没必要改姓,使用各自的姓就好　　　　　　　(不用改姓)

对于姓氏改变的想法,其实在1973年之后的10年间并未发生太大变化,但是1983年之后的15年间,甚至是20年间,传统观念逐渐淡薄。而最近一段时间,这种变化似乎趋于稳定。1983年时"妻子应将姓氏改为丈夫的(必须)"比例占到47％,而到了2003年时,减少

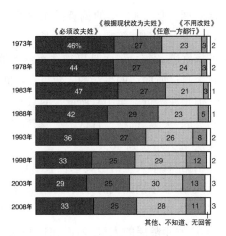

图Ⅱ-33　男女理想状态(名字)(全体)

到了29％,最近则增长了4％,和1998年时的数据持平。"根据现状,妻子将姓氏改为丈夫的比较好(现状为丈夫)"的比例变化较小。

而另一方面"夫妻应该统一姓氏,但是改为任何一方都可以(任意一方都行)"和"没必要改姓,使用各自的姓就好(不用改姓)"这两项"脱离夫姓"的观点在 1983 年到 1998 年之间持续增长,且夫姓优先的想法渐趋淡薄,不过在最近 10 年里并没太多变化(图Ⅱ-33)。此外,单纯以男女性别来观察这 35 年间的变化,似乎并未发生方向性的改变(图Ⅱ-34)。

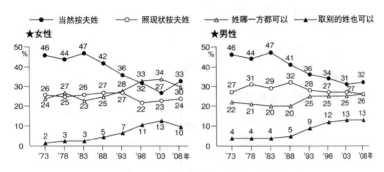

图Ⅱ-34　男女理想状态(名字)(按男女)

时代的影响在女性身上反映更明显

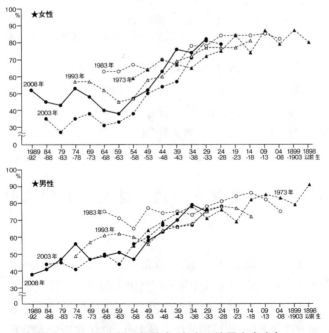

图Ⅱ-35　男女的理想状态(名字)(按男女出生年)

图Ⅱ-35 所示,根据出生年份以及性别的不同,通过将"当然是夫姓"以及"现状为丈夫的姓"这两种观念归为"夫姓"观念,并对其进行观察(图Ⅱ-35)的话,大体来讲年纪越大这种想法越是根深蒂固,而且不论男女。随着年龄段的不同,在年轻人当中"夫姓"的想法持续减少。此外,在接受调查的女性中,数据间的差距较大,由此可见女性受到时代变化的影响更大。但在最近 5 年间,年轻女性中"夫姓"的观念正在增加。

"家庭个人化型"与夫姓

"并不一定要结婚"、"即使结婚也不一定要生孩子"、"彼此深爱着对方便可以发生性关系"的"家庭个人化型"的观念在年轻人中相当普遍(见图Ⅱ-11)。通过图Ⅱ-36 能够看出"家庭个人化型"的想法与"脱离夫姓"想法的关系。如果将"家庭个人化型"和"除此之外的想法"进一步分为"20 岁・30 岁年龄层"和"此外的年龄层"并进行分析的话,便不难发现在"家庭个人化型"中,"脱离夫姓"所占比例最高。在"除此之外的想法"中,虽然随着年龄段的不同,相互之间的差异也较为明显,但是在"家庭个人化型"人群里,与年龄层无关,"脱离夫姓"的想法都超过半数,成为第一选项。这说明持有"家庭个人化型"的观念范围正在逐渐扩大。

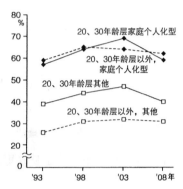

图Ⅱ-36　男女的理想状态(名字)
〈脱夫姓〉("家庭个人化型"×分年龄层)

Ⅱ-10　受教育程度——持续增长的女性高学历

男女平等的思想也体现在子女的教育上。在经济高速增长的 20 世纪 60 年代到 70 年代中期,大学、大专的升学率持续走高。至 1990 年男性的升学率虽出现少许停滞,但之后仍旧表现出上升趋势。而女性从 80 年代后期开始出现上升,90 年代后期大学升学率超过了专科。根据文部科学省的"学校基础调查",2008 年 3 月份的大学·大专的升学率为:男生 56.5％,女生 54.1％,两者基本持平。其中绝大多数男生会选择进入四年制大学。而女生在 1998 年时,进入四年制大学和大专的比例基本一致,到 2008 年时进入四年制大学的比例则达到了 42.6％。

希望女性高学历的比例达到 56％

人们对于男孩与女孩的受教育程度持有怎样的观点呢？问卷第 24、25 问给出了答案。对于目前在读初中的子女未来受教育程度进行了调查。其中,对于男孩的要求变化并不大。在这 35 年间,"升入高中"的想法在 1973 年时为 17％,到 1988 年时达到了 11％,在此之后并未出现较大波动。"专科·技校"的想法在 35 年间几乎没有发生变化。而"进入大学"的想法在 1978 年之后一直维持在 70％左右。"进入大学院"的想法从 1973 年开始基本保持在 6％左右,无明显变动(图Ⅱ-37)。

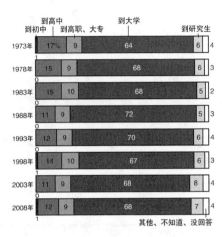

图Ⅱ-37 男女的理想状态(男子的教育)(全体)

而女生的情况有所不同。1973 年时,"升入高中"的想法最多,达到 42％,此后持续减少,到 2008 年时减少到 13％。"专科·技校"的想法到 1983 年为止持续增长,并且从 1978 年到 1993 年一直保持在第一的位置。"进入大学"的想法在 1973 年时只有 23％,但是从 1983 年开始逐渐增长,并且在 1998 年时成为了首选。希望自己的女儿拥有高学历,"进入大学"与"进入大学院"的人占到了 56％,对于女儿能够取得高学历的想法持续增长。不过与男生 75％比例相比,差距仍然明显较大(图Ⅱ-38)。

不论哪个年龄段都希望女性高学历

由于高学历的追求,在这 35 年间,各个年龄层都对于女孩的学历要求大幅增长。通过图Ⅱ-39便不难发现随着时代的变迁，希望子女高学历的想法在各年龄段间都有所增多，对于子女受教育的程度不再以性别区分对待。

此外，接受调查的人中学历越高，对子女的要求也就越高。而且，在高学历者中，即便是同等学历的人，对于男孩女孩的期望也不同。但是，这种差距在2008年的调查之中，特别是在学历越高的人群中，不断缩小。在希望子女进入"大学·大学院"的选项中，对男孩的期望为92%，对于女生的期望接近84%（图Ⅱ-40）。

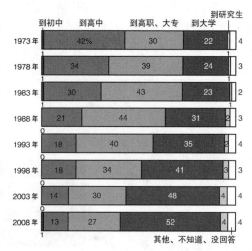

图Ⅱ-38　男女的理想状态（女子的教育）（全体）

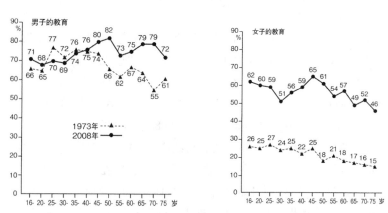

图Ⅱ-39　男女的理想状态（男子的教育、女子的教育）〈到大学〉＋〈到研究生〉（按年龄层）

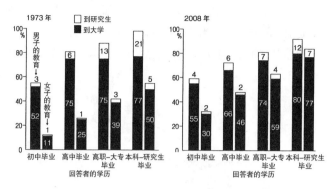

图Ⅱ-40　男女的理想状态（男子的教育、女子的教育）（按回答者的学历）

教育中男女平等观念的提升

　　希望女孩接受大学教育的观念的确在增多，并且男女间的差距确实在缩小，但是希望他们接受教育的程度却还是有所不同。

　　在调查中对于是希望男孩还是女孩接受更高教育的问题进行了调查。而结果也分成了希望男孩接受更高的教育（男孩优先）

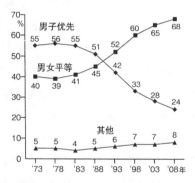

图Ⅱ-41　想让其接受的教育程度（全体）

和接受相同程度的教育（男女平等）两部分（图Ⅱ-41）。虽然图表显示的是总体情况，但是男女之间几乎不存在差别。在1988年进行调查时，"男孩优先"仍然占到了大多数，但是在1993年时被"男女平等"的观念反超了，之后差距越来越大，"男女平等"的观念几乎占到了7成。在男女教育方面，越是年轻的年龄层，"男女平等"的观念越深入人心。随着年代以及世代的更替，"男女平等"的价值观也不断得到普及。

高学历志向与"家庭、工作的两立"

　　对于女孩高学历的期待，其实与"家庭、工作两立"想法的增加有着密切关系。图Ⅱ-42对在家庭选项中分别选择了"专注家庭"、"育儿优先"、"两立"的人分别进行了调查，如实反映了女孩进入大学还是大学院比例的推移趋向。与"专注家庭"、"育儿优先"的人相比,在选择"两立"的人当中,期待高学历的比例最高。也就是说,对于高学历的期待与女性期望生活与工作两立是息息相关的。

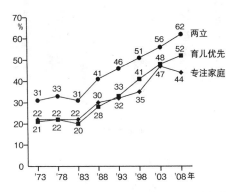

图Ⅱ-42　男女的理想状态(女子的教育)"大学"＋"研究生"(按家庭和职业的观念)

在大学的学习中,不难发现女性带着为毕业后工作的意识进行学习。而在以前,女性在大学学习的目的无非是将来如何成为好媳妇、贤妻良母的教养课程。因此,那时候的女性更多偏向人文科学以及教育学科。而进入 1990 年以后,进入这些院系以及家政类院系的人逐渐减少,取而代之的是进入社会、经济、工学等学部的人数不断增加(文部科学省"学校基本调查")。此外,近些年来进入与看护相关的保健类学科的人数也有所增加。女性进入大学后的学科选择大多倾向于有利于将来实际工作的学科。因此,在女性高学历的背后,"希望女性继续工作"等男女平等意识的普及以及女性希望独立自主观念的提升是主要原因。

新社会体系的构筑

在这章里,从各个方面对男性女性以及家庭的理想形态和价值观的变化进行了分析。随着战前的家庭观念以及传统男尊女卑观念的打破,新的观念逐渐向战后新宪法里"尊重个人"、"法律面前人人平等"、"家庭生活中互相尊重以及两性平等"的方向靠拢。

但是,现实并未追上理想的脚步。比如说,即使希望生活和工作两立,可是育儿期间女性的工作率却呈现出下降的现象。日本的少子化原因主要是未婚者的增多,晚婚化以及生育率的降低。如果让女性生活、工作两立的话，因育儿的需要而离职的人数以及推迟结婚、工作的人数可能会有所下降。说不定会减缓少子化的进程。

而丈夫参加家务则是这一切的前提。不仅仅是男性需要有参加家务的观念，适合男女共同努力的工作、工作时间以及工作方式的相关改革也是十分必要的。保育制度如果不够完善，那么就只能在自家院子里照看孩子了。不论是家庭还是社会，子女教育支援政策可以说是今后的重要政策之一。以全职母亲为前提的那个经济高速发展的时代已经不再适合共同工作的男女以及要求家庭育儿两立的当今社会了。

Ⅲ　政治

Ⅲ-1　对待政治的态度—初次增加的政治有效感

选举与游行同时上升

"日本人的意识调查"希望通过"政治的有效感"、"关于权利的知识"以及"政治活动"这三个方面捕捉日本人对于政治的态度。而其中关于政治的有效感则分为三个方面：1 国民投票选举（选举）；2 游行、上访、请愿对于国家政治的影响（游行等）；3 国民的意见、愿望能够多大程度地影响政治（舆论）（第 37、38、39 问）。

关于"选举"和"游行"的问题如下所示：

1. 影响非常大　　　　　　　　　　　　　　　　（强烈）

2. 影响较大　　　　　　　　　　　　　　　　　（稍强）

3. 略有影响　　　　　　　　　　　　　　　　　（较弱）

4. 几乎没有影响　　　　　　　　　　　　　　　（弱）

关于"舆论"的问题如下

1. 充分反映　　　　　　　　　　　　　　　　　（强烈）

2. 影响较大　　　　　　　　　　　　　　　　　（稍强）

3. 略微反映　　　　　　　　　　　　　　　　　（较弱）

4. 几乎没反应　　　　　　　　　　　　　　　　（弱）

调查结果显示最近五年，关于"舆论"的变化较小，而关于"选举"、"游行"，选择"影响非常大（强烈）"和"影响较大（稍强）"的人数明显增多（图Ⅲ-1）。

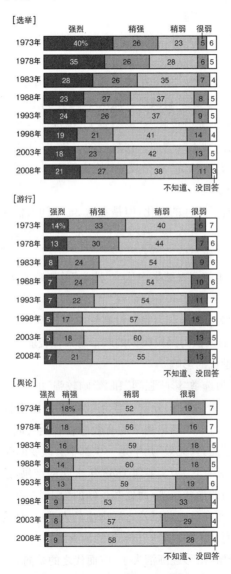

图Ⅲ-1　政治的有效性感觉（全体）

到上世纪 80 年代为止对于"选举"这一项,认为"影响非常大"的人数不断减少,而从 1993 年到 1998 年之间,认为"影响较大"的比例和认为"影响非常大"的比例一起出现减少。而最近五年,认为"影响非常大"和"影响较强"的人都明显增加,认为有影响的双方人数合计恢复到了 50%。

关于"游行"的选项,认为"影响非常大"和"影响较大"的人数从 90 年代后期开始,几乎每次调查时都在减少,但是在最近五年首次出现增长。

"舆论"的选项从 1973 年初次进行调查时开始,认为有影响的人就不多,之后更是一直减少。而从 1993 年到 1998 年,选择"略有反映"的选项与"充分反映"、"影响较大"等选项一起下降,认为"几乎没反应"的人则不断增加。在之后的五年里,认为"几乎没反应"的人数略为减少,认为"略微反映"的比例则略微增加。最近五年未出现变化。

尽管出现了这样的变化,但是在这 35 年间人们还是认为最为有效的是"选举",其次是"游行",最后才是"舆论",而这样的认知关系在最近 35 年里完全没有变化。

在 2008 年的调查结果中认为"选举"的影响最大,但是认为有效的比例也并未超过 50%。而在"舆论"的调查结果中认为"略有反映"的人数为 58%,认为完全没有影响的比例为 28%,也就是说合计有 86% 的人认为国民舆论的政治有效性较弱。

世代与世代的影响

图Ⅲ-2 为选举"影响强烈"和"影响较强"的合计比例结果,并将其以出生年份进行了分割。各条线几乎是以平行线的方式推移。因此几乎可以判断出选举的有效感在各世代间相对固定。也就是说"有效"还是"无效"几乎是一生都不会改变的问题。

首先观察一下 1973 年到 1988 年之间的结果,这些数据线几乎都呈现出山的形状轨迹,而处在顶峰的为 1924 年~1928 年之间出生的人群,而在此之前以及之后出生的人群中,认为有效的人数都在减少。而在 1988 年到 2008 年的调查结果当中,我们不难发现从 1993 年开始,山形逐渐消失了,取而代之的是向右上升的弧线。

此外,在 1973 年到 2008 年的所有数据线中,左边的端点始终

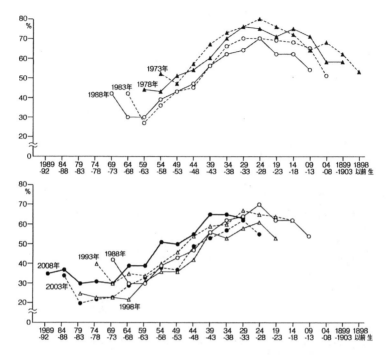

图Ⅲ-2 政治的有效性感觉"选举"(按出生年)

低于右边。这是因为年长者去世后,年轻人中认为有效的人并不多。因此,随着世代更替,全民中认为有效的比例不断降低。

除此之外,各条数据线的移动也受到政治格局的影响。

在1988年和1998年,多个年龄层的人群都感觉到有效性,但是这样的变化并无意义,随着有效感的逐年减少,全体数据呈现出大幅减少的现象。1993年和2003年也曾出现略微增长并且抵消了世代更替所带来的变化,不过整体数据并未出现太大变化。

但是在最近五年中,有的年龄层竟然出现了10%以上的增长,并且没有出现减少的年龄层,也正因此,认为投票对国家政治强烈影响的人群首次呈现出增加的结果。

在日本首次进行普选的众议院选举时,"1924年～1928年"出生的人群正好处于18～22岁。这一世代的人群在1973年进行调查时,80%的人认为选举的影响效果很强烈。此后,尽管有所减少,但是认为有效的人仍然高于其他年龄层。期待已久的普选对于这一代人的影响特别巨大。

但是，不是常态的影响又是怎样的呢？

1983 年的调查在参议院选举结束三个月后进行，当时的投票率为史上最低。而在这次选举时，首次采取了比例代表选举的方式，小党派林立，但是并未对最后的结果产生影响，自民党仅仅减少了一个议席，稳定多数得到了维持。也正因如此，认为对选举无影响的人数增加了。

在 1993 年进行调查以前，众议院选举结束。在这次选举中，自民党败北，细川联合内阁执政。"1955 年体制"土崩瓦解，因此几乎所有人都认为选举是有效的。虽然这样的变化并无太大意义，但是仍然促使认为选举有效的比例有所增加。

在这五年中经历了细川、羽田、村山、桥本、小渊这五个政权，而且政权的权力结构也不相同。并且众议院选举只在桥本的时代举行了一次，在民意没能很好传达的情况下政权不断地交替。除此之外，在此次选举中，采用了"小选举"和"比例选举"并用的方式，即在小选举时即使落选，仍然有机会在比例选举中胜出。因此有人认为民意并未像期待的那样得到表现。另外，消费税在 1997 年涨到了 5％。虽然说这是出于稳定财政的长远决定，但是从国民的角度来看这是负担，结果反而导致了经济倒退，不满的声音也愈加强烈。由于出现了政局混乱，经济发展不尽如人意的情况，因此在 1998 年进行调查时认为有效的人减少了不少。

在 2000 年众议院选举时，民主党取得了突破，获得了三位数的席位。这件事对人们产生了多大影响，我们不得而知。很多人认为选举是有效的，但是这一结果对于调查没有太大意义，虽然认为有效的人数增加了。在 1998 年调查时，"10 岁年龄段比上一年龄段的人认为更加有效"。这一曾经消失的世代间特征又再次出现了。因此，在 2003 年调查时，这种变化与世代更替时减少的人数相互抵消，反映到全体国民中便是数据没有发生变化。

在最近五年里，各年龄层中感到有效的比例有所增加，国民全体呈现出上升的现象。2005 年众议院选举时自民党取得了大胜，而在 2007 年的众议院选举时，自民党败北，在野党取得了多数席位，形成了"扭曲国会"。也正因此，派遣海上自卫队进入印度洋、以参加海上安保活动的外国船只进行补给活动为目的的"海上支援特别法案"虽然在参议院被否决,但是在众议院中取得三分之二的选票获得通过。这是自1957年以来时隔51年再次行使了再决议权,在此之后,其他重要法案也通过再次决议获得通过。

当众议院与参议院的方案结果出现冲突时,人们可以通过结果,发现自己的意愿在哪一方面得到反映。也正因此认为选举对国家政治影响较大的人有所增加。

而"游行"、"舆论"与"选举"的构造相同,对于有效性的认识,基本上随出生年代的不同而固定不变。但是,由于受到时代的影响,认为"游行"有效的人逐渐减少,而"舆论"则受时代的影响较小。因此,与认为"舆论"有效的人相比,认为"游行"更加有效的人减少的幅度更大。

年轻人中呈现上升

"选举"、"游行"以及"舆论"分别对国家政治产生多大影响呢?其实,关于这个问题,随着出生年的不同,思想也基本上是相对稳定于所属年龄段。接下来,让我们以分数来衡量政治的有效性。

"强烈"·································· 3分
"稍强"·································· 2分
"稍弱"·································· 1分
"弱"·················· 0分("不清楚、无法回答"也为0分)

如此一来,得分高的人群便可看作是认为自己的行动对政治影响较大的人群。此外将每五岁视作一个年龄区分段,将分数相加除以人数,便可得到这个年龄段的平均值(图Ⅲ-3)。

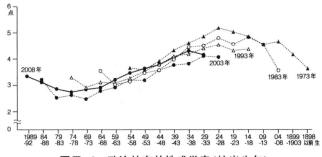

图Ⅲ-3 政治的有效性感觉表(按出生年)

在图表的中间部分，即"1959 年～1963 年"出生到"1929 年～1933 年"出生的人群中，直到 2003 年为止，几乎都呈现出下降的现象。由此可见随着出生年的不同，有效性几乎是固定不变的，但是随着时间的推移，曾经认为有效的人数也在不断减少。

如果仔细观察数据线的左边，还会发现另一个特点。到 1993 年为止，各数据线的最左端起第二点，即接受调查时，年龄在 20 岁～24 岁的人群得分最低。与其说这是这一年龄层的特征，不如说是由于年轻人与社会关系并不紧密，因此往往更注重想法以及意见。

但是这样的形状在 2003 年时不复存在，而在之后的 2008 年变成了"U"字型，"1974 年～1978 年"正处于谷底。与"1974 年～1978 年"出生的人相比，越是年轻人，越认为国民的举动会影响到国家政治。

虽然不知道这样的特征会不会在以后的年轻人中持续延续，但是我们能够感觉到认为政治有效性的人可能会有所增加。

对于权力认知的知识依旧低迷

接下来对于"与权利相关的知识"进行调查。具体如下，从六个选项中选出"依据宪法、但并非义务，属于公民权利"的选项（第 36 问）。

1. 说自己想说的话　　　　"言论自由权"
2. 纳税
3. 听命于比自己地位高的人
4. 道路右行
5. 过正常人生活　　　　　"生存权"
6. 组织劳动工会　　　　　"集会权"

在末尾加上简称的三项为正确答案，最近五年间回答出正确答案的人数并未出现变化（图Ⅲ-4）。

从 1973 年开始，在这 35 年间，对于"言论自由"和"集会权"的认识，从未出现过增加，反而都减少了 15％左右。

另一方面，在 1978 年到 1983 年之间，知道"生存权"的人虽然有所增加，但是之后的 25 年间几乎没有变化。

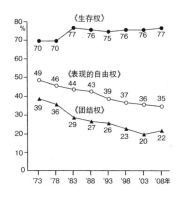

图Ⅲ-4　关于权利的知识（全体）

但在 2008 年的调查之中，对于"过正常人生活"（生存权），有 80％的人知道这是写入宪法的权利。而对于"说自己想说的话"（言论自由权），平均在 3 人中只有 1 人知道，至于"组织劳动工会"（集会权）则是 5 人中有 1 人的比例。

此外，选择正确的人数比例（只选择了 3 个正确选项，没有选择错误选项的人），在 1973 年时仅为 18％，这已经是一个相当低的结果了，而到了 2008 年，更是只有 9％的低百分比，相当于 10 个人中只有 1 个人知道。

认为"纳税"是权利的比例，不论在哪个时代都超过三分之一，在 2008 年的调查时，甚至超过了"言论自由权"，达到 43％，成为第二多的选项（图Ⅲ-4 为对于权利认知度的具体表现，其中也包括选择了所有选项的人）。

此外，如果将男性女性分开比较，便会发现对于"生存权"和"集会权"的认识，在上世纪 70 年代时男性比女性多将近 10 个百分点，而到上世纪 80 年代对于"言论自由权"，男性也比女性多 10 个百分点，但是差距在不断缩小。而在 2008 年调查时，差距最大的"言论自由权"也不过仅有 5％的差距，男女之间几乎不再存在差异。

如果将 2008 年的结果通过年龄层来表现的话（图Ⅲ-5），虽然"生存权"并未出现太大变

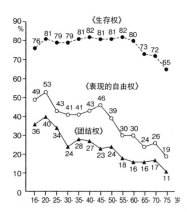

图Ⅲ-5　关于权利的知识（2008年，按年龄层）

动,但是从 20 岁年龄层到 60 岁年龄层前半段的人群中,几乎都在 80％前后,所占比例较高,而再往上的年龄层则略微减少。

"言论自由权"和"集会权"也同样呈现出相同的倾向,大致分为三个年龄层。即知道的人大多为 25 岁以下的年轻人以及大致平均 55 岁之前的年龄层,还有便是知道的人数逐渐减少的老年人。

如果我们生活在一个即使不了解宪法所规定的权利也能自由生活的社会中的话,也许不知道这些反而是件幸福的事。但是,2008 年秋天发生的金融危机,造成了"派遣社员"和"解雇"等问题的出现,而这些都是与生存息息相关的问题,当然也包括对"集会权"的认知。

持续走低的政治活动

接下来让我们对政治态度的最后一项政治活动进行观察。在以下 8 个选项中挑选出最近一年间参加过的政治活动来回答(第 44 问)。

1. 参加游行活动　　　　　　　　　"游行"
2. 参加署名活动　　　　　　　　　"署名"
3. 参加宣传活动　　　　　　　　　"投书"
4. 陈情、抗议、情愿　　　　　　　"陈情"
5. 政治捐款、募捐　　　　　　　　"捐款"
6. 参加集会活动　　　　　　　　　"参加集会"
7. 购买政党、团体的书阅读　　　　"机关报纸"
8. 作为政党、团体的一员参加活动　"党员活动"

仔细观察每 5 年的数据就会发现数据出现增长的选项其实并不多。1983 年的时候"署名"、"参加集会"、"党员活动"有所增加,1988 年和 1998 年"署名"有所增加,2003 年时"集会"有所增加。1983 年时"署名"和"参加集会"各增加了 5％,而这已经是数据中最大幅度的增长,其他选项数据只是略微浮动而已(表Ⅲ-1)。

表Ⅲ-1　政治活动(全体)

	73年	78年	83年	88年	93年	98年	03年	08年
署名	24%	25<	30<	32>	21<	25>	22>	19>
集会出席	13	12<	17>	14>	12>	10<	11>	8>
献金	14	13	75>	13>	9	9>	7	8>
机关纸备	11>	9	10>	8>	6	6	5	4>
	73年	78年	83年	88年	93年	98年	03年	08年
党员活动	3	3<	4>	3	3	2	2	2>
陈情	5	4	4	4>	2	2	2>	1>
游行	4	4>	2	2>	1	1	1	1>
投书	1	1	1	1	0	1	1	0>
无	60	61>	56	55<	64	65	65<	69<

※ 2008年的结果,按多到少的顺序表示。省略"其他"和"没回答"。
※数字之间的不等(><)是比较两边数字后的检定结果(可信度95％)。如果左侧高,则是>,左侧低,则是<。且,右端的不等号是1973年和2008年的检定结果。

此外,在1983年、1993年、1998年进行调查之前,尽管进行了国民选举,但是任何一个调查项目都没有增加。因此并不能说国会选举就一定会活跃政治活动,而是与当时的论点以及各党派的做法息息相关。

在这35年间,人们采取最多的形式是"署名",尽管如此,也只是三人之中一人的比例。此外,如果将2008年的结果与35年前进行比较的话,便会发现所有的活动都在减少。而"什么都没参加"的人数不管什么时候都超过半数,或许是这个原因导致人们政治活动长期处于停滞状态。

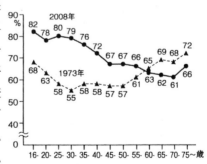

图Ⅲ-6　政治活动"无"(按年龄层)

图Ⅲ-6显示了不同年龄段中未参与政治活动的人群比例。

与 35 年前相比,55 岁以上的人群几乎没有变化,而在年轻人中却有所增加。特别是 25 岁至 39 岁年龄段的人群,竟然增加了将近20%,越是年轻人越不愿意参加政治活动。

Ⅲ-2 结社、斗争性—避免斗争的现代人

地方上更加消极

日本中间层民众的政治行动特征主要为:"以结社为目的而组织起来,以自律的方式维持,但由于不会受到积极的评价,并且不是正统的做法,因此人们对此往往采取消极的态度"和"对待政治事件时,与客观评价相比更加重视周围人的态度、看法"这两种想法。此外,与这两者属于相同类型的还有"保持相互和气,不论发展如何停滞,秩序和安定都需要好好维护的反斗争性"(京极纯一《政治意识的分析》,东京大学出版会,1968 年,67~69 页)。也就是说,与他人协作合力解决问题是日本人的弱项,哪怕个人有再正当的理由,也不愿与他人争执,尽量保持好与周围人的整体关系。

以此为参考,在这次调查中,当周围发生问题或事件时,为了解决问题,是积极展开行动的人增加了,还是想依赖别人的人增加了呢? 为了寻找答案,特地设置了以下的问题。

具体问题如下:

职场问题(第 18 问)

在刚刚成立的公司里工作,对劳动条件非常不满

1. 因为是刚刚成立的公司,情况会好转的,先静观其变

"静观"

2. 向上司反映,希望能够改善大家的状况 "依赖"

3. 成立劳动工会,为改善大家的状况积极努力 "活动"

发生影响地区居民生活的公害问题(第 33 问)

1. 希望能够顺利解决,先静观其变 "静观"

2. 拜托当地有权势的人帮忙解决 "依赖"

3. 大家一起展开活动解决问题　　　　　　　　　　"活动"

政治方面(第 41 问)

1. 通过选举选出优秀的政治家,希望他作为自己的代表积极
活动　　　　　　　　　　　　　　　　　　　　　　"静观"
2. 出现问题的时候,向自己支持的政治家呼吁,反应自己的意
见　　　　　　　　　　　　　　　　　　　　　　"依赖"
3. 平时维护自己支持的政党并积极活动,实现自己的意向
　　　　　　　　　　　　　　　　　　　　　　　　"活动"

　　根据调查的结果,最近 5 年间,在"地方"发生问题时,"静观其
变的人"增多了,"通过行动解决问题"的人减少了,而"职场"与"政
治"问题并未发生变化。此外,在这三个问题中,有一个共同特点,
这便是参与"活动"的人数不断减少(图Ⅲ-7)。
　　首先我们来关注一下职场问题,在 1973 年时"静观其变"便已
经是最多的选项,到 1983 年时持续增长,虽然 1988 年到 1993 年之
间略微减少,但是在 35 年间从 35％增长到了 50％。而"向上司反
映,希望能够改善大家的状况"的选项在 1973 年～1978 年间虽然
有所降低,但是之后略有增长,在这 35 年里从 24％增加到了 26％。
而在 1973 年时选择的比例比"依赖"更高的"成立劳动工会,为改
善大家的状况积极努力"的选项则出现减少,在 35 年间由当初的
32％减少到了 18％,几乎降低了一半。
　　接下来对地方问题进行观察。在 1973 年时,"活动"与"依赖"
几乎处在并列的位置上,而最为消极的"静观"则排名最后。尽管
参加"活动"在 1993 年到 1998 年之间有所增加,但是在 35 年间,由
36％减少到了 23％,替换成为最低选项。而另一方面,虽然"依赖"
在 1988 年～1993 年之间有所减少,但是在 35 年间,由 36％增长到
了 44％,跃居首位。而"静观"也从 23％增长到了 31％。
　　政治问题则比以上两个问题变化更小。
　　在 1973 年时,"静观"便已经是选择最多的选项,达到 63％,而
在 35 年间虽然略微减少,达到 59％,但是属于无意义变化。尽管

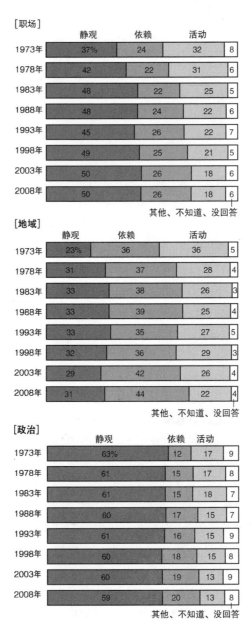

[职场]

	静观	依赖	活动	
1973年	37%	24	32	8
1978年	42	22	31	6
1983年	48	22	25	5
1988年	48	24	22	6
1993年	45	26	22	7
1998年	49	25	21	5
2003年	50	26	18	6
2008年	50	26	18	6

其他、不知道、没回答

[地域]

	静观	依赖	活动	
1973年	23%	36	36	5
1978年	31	37	28	4
1983年	33	38	26	3
1988年	33	39	25	4
1993年	33	35	27	5
1998年	32	36	29	3
2003年	29	42	26	4
2008年	31	44	22	4

其他、不知道、没回答

[政治]

	静观	依赖	活动	
1973年	63%	12	17	9
1978年	61	15	17	8
1983年	61	15	18	7
1988年	60	17	15	7
1993年	61	16	15	9
1998年	60	18	15	8
2003年	60	19	13	9
2008年	59	20	13	8

其他、不知道、没回答

图Ⅲ-7　结社·斗争性（全体）

如此，仍比"活动"和"依赖"要高出不少。虽然1973年时"活动"比

"依赖"要高,但是此后"依赖"有所增加,到 2008 年时达到 20％,而"活动"则减少到 13％,成为最少的选项。

如果光看"活动"这一项,便会发现,比例最少的是"政治"问题,其次是"职场"问题,最高的是"地方"问题。而这一现象在 35 年间并未出现明显变化。

在最近 5 年间,发生改变的只有"地方"问题,而长期以来,选择"展开行动解决问题",采取积极态度的人减少了,选择"拜托他人解决问题"以及"静观其变"这样消极行为的人增加了。

在多个年龄层中选择积极行动的人减少了

在这 35 年间,在"职场"问题中"静观其变"的人增加的最多,图Ⅲ-8 显示了"静观"与相对的"活动"选项的变化状况。

"静观"在三十岁年龄段前半段的人群中未出现变化,而在其他所有年龄层中都出现了增加的现象。而另一方面"活动"在60 岁年龄层后半段中几乎没有变化,而在年轻人

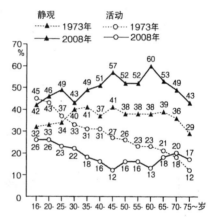

图Ⅲ-8 结社・斗争性"职场"(按年龄层)

中不断减少。1973 年,在十岁年龄层和二十岁年龄层前半段的年轻人里,选择"活动"的人最多,但是到了 2008 年时,在所有的年龄层中,"静观"都要多于"活动"。此外,不同的职业中从事经营者、管理者、农业水产业者几乎未发生选择变化,而从事其他行业的职业者中,所有选择"活动"的人都出现了不同程度的减少。

像之前所叙述的那样,日本人的特点是比较重视与周围人的和谐关系,而现代人则更是避免与其他人发生冲突。之所以会引发此类变化,是因为人们对人际关系态度的转变,及希望维持"相互分忧,互相帮助"关系的人逐渐减少,关于这点将在第七章里进行分析。在采取行动时,应与周围人进行积极交流,并与和自己抱有相同想法的人进行相互沟通。但是,因为讨厌这样的人际关系,

所以即便现代人在自己的周围出现了问题，大概也不愿卷入其中。

此外，上世纪70年代~80年代前半期，石油危机导致的影响也很大。1973年调查之后出现了第一次石油危机，有人指出进入80年代之后，人们的生活逐渐保守。这一现象被称作"生活保守主义"，由于石油危机给日本经济带来重创，威胁到了人们的生活质量，因此与技术革新、改革等相比，维持现有生活水平不变成为重中之重。也正因为这个原因，在对待职场以及地域问题时，人们的行动变得消极了。

此外，在"职场"问题上，加入劳动工会的比率（推测劳动工会组成率、第一章、表Ⅰ-1）以及加入劳工活动的比率[①]也从70年代中期开始迅速减少。特别是劳工活动（半日以上的罢工活动），在1974年时发生了5197件，而在十年后减少到了594件，几乎降到了十分之一。因此，自己参加工会活动的机会减少了，同时通过媒体得到信息的机会也减少了。这也是不可忽视的影响。

其实，这个结果并不是人们的意识变化在先还是社会变化在先的问题，而是两者相互作用，逐渐向消极方向发展的结果。

Ⅲ-3　政治课题—提高社会福利有所增加

随经济状况改变的政治课题

人们对于政治所要求的重要课题，随着时代变迁不断发生着变化。以下七个选项中，选出日本政治最需要着重投入的选项（第40问）。

1. 维持国内治安与秩序　　　　　（维持秩序）
2. 发展日本经济　　　　　　　　（发展经济）
3. 提高社会保障　　　　　　　　（提高福利）
4. 保障国民权利　　　　　　　　（保护权利）
5. 提高文化与学问　　　　　　　（提高文化）

①　总务省《日本长期调查统计》（http://www.stat.go.jp/data/chouki/index.htm）——原书注。

6. 增加国民参与政治的机会　　　　　（增加参与）

7. 加强与外国的友好关系　　　　　　（友好促进）

　　在最近 5 年里选择"发展经济"的人大量减少,选择"提高福利"的人有所增加。另外,该调查是在 2008 年美国全球金融危机发生前进行的,因此在调查中并未反应出此后经济萧条所产生的负面影响。

　　通过这 35 年的数据发现,在任何一个时代,"提高福利"和"发展经济"总是排在前两位。而且这两项的比例相加的话,基本上处于接近半数到三分之二之间(图Ⅲ-9)。

　　而且在经济萧条时选择"发展经济"的人较多,经济状况好的时候选择"提高福利"的人又占多数。处在日本经济高速发展期末期的 1973 年,政府的预算不仅包括了经济政策,

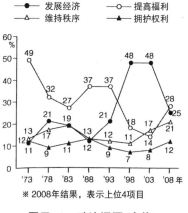

※2008年结果,表示上位4项目

图Ⅲ-9　政治课题(全体)

还包括了扩充福利预算,因此被看作是"福利元年"。而且调查的结果也反映出"提高福利"占到将近半数,但是在这一年年底,第一次石油危机爆发,1974 年时经济更是首次在战后出现负增长,高速发展期就此宣告结束。也正因此,在 1978 年进行调查时,选择"发展经济"的人几乎倍增,而选择"提高福利"的人大幅减少。1986 年时日本进入泡沫繁荣期,因此在 1988 年调查时,选择"提高福利"的人有所增加。

　　1993 年调查时正处在泡沫经济崩盘期,被称为"丢失的十年"的"平成萧条"时期,选择"提高福利"的人数几乎没有变化,而选择"发展经济"的人数有所增加。在"平成萧条"末期的 1998 年,认为"发展经济"是首要因素的人数从 1993 年的 21％增加到了 48％,足足增长了 27％。

　　即使战后最长的经济高速发展期(2002 年 2 月～2007 年 10

月,合计 69 个月),虽然从将其列入统计的时间角度来说始于 2002 年,但是由于刚开始时,基础不够稳定,因此 2003 年调查时,选择"发展经济"的人仍然很多,达到了 48％。但是在 2008 年时"发展经济"减少到了 25％,而选择"提高福利"的人达到了 28％,成为选择最多的选项。

"维持秩序"在多个年龄层出现了增加

接下来从不同年龄段出发对问题进行分析。在 1973 年时,在所有的年龄层中,"提高福利"都是首选的选项,但是在此之后,根据年龄层的不同所考虑的问题也有所不同。1988 年和 1993 年,在所有年龄层中,选择"提高福利"的人数最多。1998 年和 2003 年,在所有年龄层中选择"发展经济"的人最多。而到了 2008 年时选择"提高福利"和"发展经济"的人虽然都很多,但是选择"维持秩序"的人同样也很多。

图Ⅲ–10 反映了从 1998 年开始"维持秩序"选项在各年龄层中的变化情况。

从 1998 年～2003 年的 5 年间"维持秩序"不仅在 50 岁年龄层以及 60 岁年龄层前半段有所增长,在 10 岁年龄层也有所增

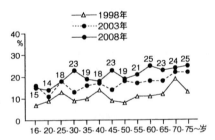

图Ⅲ–10　政治课题《维持秩序》(按年龄层)

长。而在最近 5 年,仅仅在 30 岁年龄层前半段、40 岁年龄层后半段以及 60 岁年龄层前半段有所增长。由此可见,在最近的 10 年间,选择"维持秩序"的人在多个年龄层都有所上涨。而在 2008 年调查时,在 25 岁以上年龄层中,有 20％的人认为"维持秩序"是当下日本政府最重要的、并急需解决课题。

根据"平成二十一年警察白皮书",1996 年～2002 年之间刑事案件数为战后最多(警察统计),全国突破了 285 万起。之后有所减少,到 2008 年时,减少到 181 万。而另一方面,"破案率"也急速降低,在 2001 年时甚至降到了 19.8％,此后略有回升。2008 年时上升到 31.5％。或许是因为这样的原因导致选择"维持秩序"为最

重要课题的人有所增加。

Ⅲ-4　政党支持态度—首次出现减少的无党派人士

减少的无党派人士和增加的民主党支持者

在"日本人的意识调查"中对于平时支持的党派进行了调查（第 42 问），针对此问题，让"无支持党派"人士对选择了可能支持的党派（第 43 问），在第 42 问和第 43 问中都没有给出固定选项，而是让答题者自由回答。

人们支持的政党随着当时的政策、课题等不断变化，因此 5 年一次的调查并不能全面细致地了解人们的想法。因此，在调查中也只能把握住人们支持的大方向。进行调查时，所得到的结果可能仅仅是偶然现象，不过和其他间隔较短的调查进行比较之后发现其大方向是不谋而合的。

引人注目的是，无党派人士初次出现减少。进入 90 年代后，大众明显脱离政党，但这种现象正逐渐好转。尽管如此，仍然有将近一半的人"没有支持的党派"（图Ⅲ-11 中，回答为自民党以外的答案全记做"自民党以外支持者"，1998 年开始，从中分离出"民主党支持者"）。

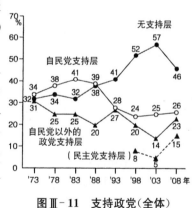

图Ⅲ-11　支持政党（全体）

通过 1973 年以后的 35 年数据，政党支持率的变化大致可分为以下 4 个阶段。

1. 1973 年～1988 年

在这一时期，无党派人士和自民党支持率处于持续增加时期。无党派人士在 22 岁～44 岁以及 60 岁～66 岁之间增加，而自民党支持者率在 45 岁～54 岁以及 70 岁～74 岁之间增长。

2. 1988 年～1993 年

无党派人士和自民党以外的政党支持者处于增长阶段,而自民党的支持率有所下降。虽然在 20 岁～24 岁年龄段之间无党派人士有所减少,但是 30 岁～44 岁以及 55 岁～59 岁之间的年龄段中有所增长。在 20 岁年龄段以及 50 岁以上高年龄段里,自民党以外的政党支持者出现了增多的现象。而自民党支持者在 25 岁～59 岁之间以及 70 岁以上年龄层中出现大幅减少。

3. 1993 年～2003 年

在这一时期,只有无党派人士有所增加,并且在各个不同年龄层中都出现了增长的现象。另一方面,自民党以外的党派支持者在除了 70 岁年龄层前半段以外的所有年龄层中都有所减少。而自民党支持层在 20 岁年龄层、30 岁年龄层后半段、40 岁年龄层后半段、50 岁年龄层前半段以及 60 岁年龄层前半段有所减少。

4. 2003 年～2008 年

在此段时期里,无党派人士首次出现减少,而民主党支持人数有所增加。民主党以外的政党支持人数在除了 10 岁年龄层以外的所有年龄层中有所增加,而无党派人士在 20 岁以及 30 岁年龄层为中心出现了减少的现象。

此外,在"自民党以外的政党支持者"的动向中,社会党(现社民党)占到了很大的比重。在 1973 年,社会党还有 20% 的支持率,但从那以后便再也没有增长过,到 1993 年时更是减少到了个位数。虽然 1994 年开始担负政治责任,1996 年更名为社会民主党,但是支持者并未增加,并且现在更是仅仅只有 1% 的支持者。同时还要提到的是,公明党和共产党即使在最多的时候支持率也没有超过 5%。

另一方面,最近成立了很多新的政党,但其中并未出现支持率超过 10% 的政党,而民主党支持率首次达到两位数。

让我们观察一下最近 5 年中,民主党支持者和民主党以外支持者在不同年龄层中是如何变化的(图Ⅲ-12)。无党派人士在 30 岁年龄层以下的年轻人中出现了 10% 以上的减少,并且在多个年龄层中出现了减少的情况,在全体国民中,从 57% 减少到了 46%。民主党支持层中除 10 岁年龄层以外,基本都有 10% 的增幅。在全

体国民中更是从 5％增长到了 15％。但在 2008 年,10 岁年龄层中
选择"不知道、弃权"的人数达到了 29％这样一个相当高的数值。

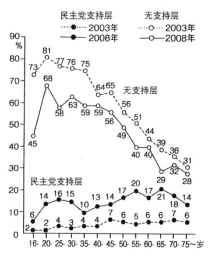

图Ⅲ‑12 支持政党
民主党支持层和无支持层(按年龄层)

通过之前的调查发现,认为"居住权"写入宪法的人约为 80％,
占到了很大的比例,但是如果加上"说自己想说的"以及"组织劳动
工会"比例的话,这三项全部选对的人仅有十分之一。另外,没有
参加过游行、联名等政治活动的人增加到了 70％,而当自己周围发
生事情的时候,积极参加活动解决问题的人依旧很少。通过"日本
人的意识调查"便会发现人们对于政治的态度是消极的停滞的。
另一方面"无党派人士"在这 35 年间首次减少,但是在年轻人中认
为人们的行动对政治的影响逐渐变强的人明显增加。

对于稳步增长的民主党的期待

2008 年 6 月"日本人的意识"调查之后,日本政坛发生了巨大
改变。在 2009 年 8 月的众议院选举中,民主党获得大胜,政权交
替。而对于选举之后人们的思想变化,我们将通过 NHK 每月进行
的"政治意识月例"进行分析②。自民党与民主党的支持率如图Ⅲ‑
13 所示(由于调查方式的不同,支持率也与之前的数据略有不同)。

---

② 《政治意识月例调查》采用 RDD 追踪法,每次随机从全国抽取出 1 000 名左
右受调查者,对象为 20 岁以上国民——原书注。

调查的内容为"期待怎样的政权",围绕此问题有六个选项,在这里将"自民党单独政权"和"自民党为中心的联合政权"归为"自民党中心政权",将"民主党单独政权"和"民主党为中心的联合政权"归为"民主党中心政权"(在此省略每次为超过 20% 的"自民党

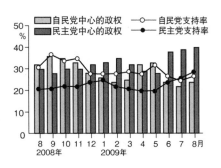

图Ⅲ-13 支持政党和期待的政权(全体)

和民主党联合政权"以及其他政权)。鸠山由纪夫出任代表之后,如图中 2009 年 6 月表示的结果那样,对于民主党的期待飞速上涨,在 8 月末的第 45 次众议院选举中以民主党的大胜告终,如果再往前一些时间观察,便会看到,2008 年 10 月之后,自民党的失败便已埋下伏笔。

麻生内阁成立之后,2008 年 9 月,期待"自民党为中心政权"的人有所增加,但是到了之后的 10 月,期望"民主党为中心政权"的人又有略微有所增加。在 12 月时,第二次补正预算法案的推后,使得人们对经济状况抱有怨言,麻生内阁的支持率也由 49% 降到了 24%,而期望"自民党为中心政权"的呼声也越来越低。另一方面期望"民主党为中心政权"的呼声虽然有所提高,但仅仅只是维持在了之前的平均增长水平。

在那之后,对于民主党的期待虽然明显上升,但是由于 2009 年 3 月,小泽代表(当时)的公设秘书从西松建设收取不法捐款而被逮捕,支持率又开始减少。在 4、5 月时,对于民主党的期待不断降低,而对于"自民党为中心的政权"的期待不断提升。但是,在鸠山由纪夫成为代表之后,"民主党为中心政权"的支持率又大幅提高。在此之后也一直在提高,似乎新政权即将确立。

但是,2009 年 6 月的支持率仅仅维持在 2008 年 10 月～2009 年 2 月的延长线上,鸠山虽然成为了民主党代表,但是不过是遮掩了小泽前代表的非法金钱所造成的伤疤罢了。

由此可见,期待民主党执政的人群绝非受到偶然事件影响,而

是长期、不断积累的结果。到 2009 年 5 月为止,自民党支持人数更多,而且也出现过希望以"自民党为中心政权"的比例高于期望以"民主党为中心政权"的情况。如果单纯依赖民众的想法,民主党在选举时或许会落马。但是民主党主张早期解散国会,结果取得了非常好的效果,选举的时间对于民主党来说也再好不过了。

根据选举之后 NHK 的调查③,对于民主党获胜的原因,有 52％的人归结为"对自民党政治的不满"。

在选举时,投民主党票的人数大概占 54％,与自民党的 52％几乎没有区别。在此之后"希望更换政权"的比例占到了 25％,而这已经是一个相当高的数据。但是考虑到 2008 年 10 月以后的情况,其实对于自民党的不满早已暗流涌动,此时估计已经有不少人开始期待政权的更替了。

---

③ 加藤元宣、藤冈隆史《关于政权更替的背景与选举结果的评论》,NHK 放送文化研究所编《放送研究与调查》,2009 年 11 月号,日本放送出版协会——原书注。

Ⅳ 国际化·国家主义·宗教信仰

Ⅳ-1 国际化的现状和意识—以"简单的打招呼方式"为中心

有一半人"与外国人有过交往"

距离结束东西冷战的标志——"柏林墙倒塌"已经走过了 20 年,在这期间,随着国际化·全球化的到来,跨越国界的人物与事件也不断映入我们的眼帘,如苏联和南斯拉夫的解体,不断有国家自主独立以及各地区的民族纷争,围绕"国家"与"民族"的矛盾不断发生,并被不断放大。

在调查中,从柏林墙倒塌后的 1993 年开始,在日本国内与外国人有过怎样的交往,从以下 8 个选项中选出合适的选项(第 47 问)。

1. 与住在附近的外国人打过招呼　　　　　　　(打过招呼)

2. 一起工作过　　　　　　　　　　　　　　　(职场)

3. 在学校一起学习过　　　　　　　　　　　　(学校)

4. 社团和地区活动　　　　　　　　　　　　　(活动)

5. 一起出去吃饭　　　　　　　　　　　　　　(吃饭)

6. 邀请外国人来家里住宿以及去外国人家里留宿　(住宿)

7. 自己或亲戚与外国人结婚　　　　　　　　　(结婚)

8. 没有过交往

结果如图Ⅳ-1所示。在2008年调查中,选择"打过招呼"和"职场"的人都达到了18%,尽管是有过交往的选项中比例最高的选项,但是也仅仅不到2成,而不论什么年代,选择"没有过交往"的人总是最多的。在1993年开始调查时,选择"没有过交往"的人超过60%,而随着时间的推移,不断降低,到2008年时降到了48%。在日常生活中,与外国人有过接触的比例不过两个人中的一个罢了。在2008年的调查中,选择有过接触的人中,只选择一项的人最多,占到了28%,其次是选择两项的人,占到了13%,虽说与外国人有接触,但是接触的内容方面还是非常有限的。

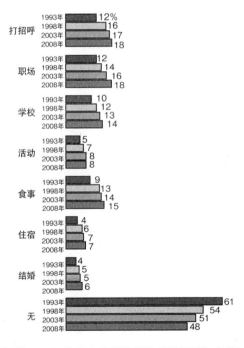

图Ⅳ-1 与外国人的接触经验(复数回答、全体)

而且像"打招呼"、"职场"、"学校"这样简单的接触占到了较高的比例,"活动"、"住宿"、"结婚"这种积极主动的接触则仅仅停留在个位数。

根据法务省的统计,2008年出国的日本人数达到了1600万人,来日本的外国人约为915万人,几乎各增长了1.3倍和2.4倍

（第Ⅰ章、第Ⅱ章），而且通过电视和网络可以轻松地获得大量的海外信息。但是到了现实生活中，与外国人的接触却十分局限。

图Ⅳ-2显示了2008年时，"职场"、"学校"以及"无接触"的选项在不同性别各年龄段的分布情况。关于"职场"的选项，男性在30岁年龄层后半段，女性在40岁年龄层前半段达到顶峰，呈现出倒V字型现象。在有过与外国人共同工作经历的人中，男性要多于女性，特别是在30岁年龄层前半段~40岁年龄层前半段之间，比例超过30%。而在学校与外国人一起学习过的人中，以年轻人居多，但男性在30岁之后，女性在30岁后半段开始便不再有太多接触了。

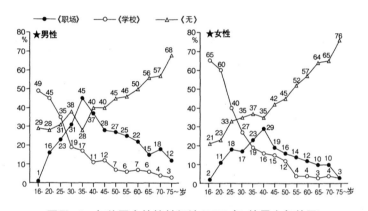

图Ⅳ-2　与外国人的接触经验（2008年、按男女年龄层）

选择"无接触"的比例随着年龄不断增高。而在各职业中，销售·服务·技能·事务·技术·经营管理层·学生这几类职业与外国人接触较多。而在都市规模方面，大城市中与外国人接触的比例高，小城市（不到5万）的城镇则较低。由此可见职务、生活环境也会对接触的机会造成客观影响。

年轻人更愿与外国人交流

接下来对于与外国人的交流欲望进行观察。为了调查是否真有欲望与外国人进行交流，所以，从之前的调查（2003年）开始，增加了新的问题。具体如下，对于给出的3个问题，回答"是"或"否"即可（第48问）。

1. 想和外国人成为朋友　　　　　　　　　　　　　　"朋友"
2. 想参与到帮助贫困国家人民的活动中　　　　　　"支援活动"
3. 有机会的话想去国外工作学习　　　　　　　　　"工作·学习"

在 2003 年和 2008 年的调查中，"支援活动"都是最多的选项，之后是"朋友"、"工作·学习"。与五年前相比，"朋友"、"工作·学习"的选项有所减少（表IV-1）。

表IV-1　与外国的交流（"我希望这样"、全体）

	2003 年	2008 年
想与各个国家的人成为朋友（朋友）	65％	63
想参加对贫穷国家人们的支援活动（支援活动）	76	77
有机会希望在海外学习、工作（工作、学习）	43	40

不同年龄段中，"朋友"、"工作·学习"选项在年轻人中所占比例较高，而"支援活动"的选项在各年龄段中的变化并不大（图IV-3）。

关于国际化的问题，从 1993 年开始对于喜欢的外国国家进行了调查（第 45 问）。

排在前列的国家大部分为欧美国家（图IV-4）。美国虽然一直排在第一位，但是最近五年从 23％减少到了 18％。除美国

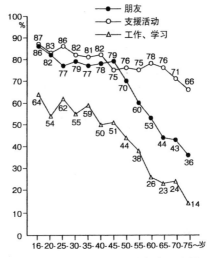

图IV-3　与外国的交流（"我希望这样"，2008 年，按年龄层）

以外，排在第二和第三位的澳大利亚和瑞士与 15 年前相比，也出现了减少的情况。而对于所喜欢国家的理由，在 15 年以前，"与日本关系密切"的选项占 25％，为最高选项。而在 2008 年时下降到了 17％，与"自由·和平的国家"（18％）的选项基本相同。由此看

来，人们对于美国的评价也在不断变化（表Ⅳ-2）。

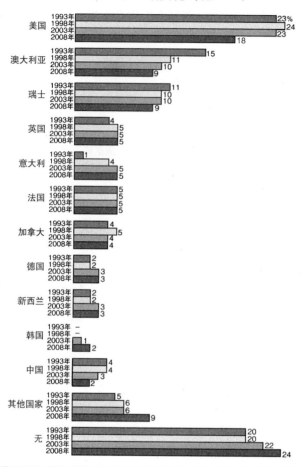

按照 1993 年和 1998 年的调查，韩国没有进入前十位，所以没有数据。

图Ⅳ-4　喜欢的外国（自由回答，全体，2008 年按多排序）

表Ⅳ-2　喜欢外国的理由（回答是美国的人，2008 年按多排序）

	1993 年	1998 年	2003 年	2008 年
和平	16％	16	16	18
和日本的关系	25	19	19	17
居住	8	9	12	12
先进国	8	12	11	12
悠闲	16	17	15	12

	1993 年	1998 年	2003 年	2008 年
自然环境	5	7	8	11
国民经验	5	6	5	6
艺术·文化	2	1	1	3
国民印象	5	4	3	1
语言	1	1	1	7
其他	3	5	3	4
无理由	6	3	5	4

和平:因为是自由、和平的国家。
和日本的关系:因为和日本的关系深远。
居住:因为去看过,居住很好。
先进国:因为经济富裕,很发达。
悠闲:因为土地广袤。
自然环境:因为具有美丽的自然环境。
国民经验:因为和那些国家的人接触,印象很好。
艺术·文化:因为历史悠久,具有优秀的文化·艺术。
国民印象:因为国民的文明程度很高。
语言:因为懂语言。

此外,在 2008 年时,"无喜欢国家"的比例为 24%,几乎达到四分之一的比例。而以美国为首的前十位国家所占比例从 1993 年时的 71%下降到了 2008 年时的 63%,而选择其他国家的人数从 5%增至了 9%。不难看出,对于外国的喜爱以及关注度,逐渐由固定的国家、固定的想法向多元化发生转变。

Ⅳ-2　对于日本的自信心—回复了一点

在三个方面同时增加

随着与外国人接触的增加,对于外国的认知也逐渐多样化,那么国民对于日本本国的看法会存在着怎样的变化呢。接下来的问题便是有关这方面的调查(第 34 问)。主要从两个方面展开,"对于日本的热爱"和"对于日本的自信"。

关于"对于日本的自信"的问题中,就以下三个问题,回答"是"或者"不是"。

1. 日本是一流国家
2. 日本人与别国公民相比,有着出色的素质　　（素质优秀）
3. 即使是现在也有许多需要向别国学习的地方

由于"即使是现在也有许多需要向别国学习的地方"的选项是对"日本的自信"的调查,因此将选择"不是"的人记为"需要学习的地方不多"项。认为"日本是一流大国"和具有"优秀素质"的人从上世纪70年代～80年代前半段时期一直处在增长状态,认为"需要学习的地方不多"的人也有不少,因此在这一时期对于日本的自信心是相当高的。但

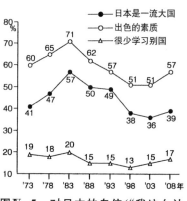

图Ⅳ-5　对日本的自信("我这么认为",全体)

是在此之后的五年中,这三方面同时出现了下降的情况,并且出现持续下降的趋势,但是在最近的五年里,有所回升(图Ⅳ-5)。

图Ⅳ-6将这三个选项的35年间数据分为三个年龄段进行分析。其中,年轻人为16岁～29岁,中年人为30岁～59岁,老年人为60岁以上人群(以下相同)。

首先对"日本是一流大国"这一选项进行观察,在上世纪70年代～80年代,所有的年龄层中,认为"是"的人都处于增加状态。但是在之后的五年里,在中年和老年里出现了减少的现象,而在1993～1998年之间,在这三个年龄段中都出现了减少的现象。在最近的五年,老年人里并未出现变化,中年人中从31％增长到了37％,年轻人也从32％增长到了37％,虽然数字有所增长,但是这样的增长并非有意义的增长。

在35年前,认为"是"的人中,所占比例最高的人是老年人,接下来是中年人和年轻人。但是从上世纪90年代前半段开始,中年和年轻人之间的差距几乎不复存在。而从上世纪90年代后半段开始,在老年人中所占的比例也降到了50％以下,与中年、青年人

之间的差距逐渐缩小。

比起"日本是一流大国"的选项,"素质优秀"的选项在各年龄层中的变化更加明显。特别是在年轻人中,从上世纪80年代前半时段的60％降到了90年代后半时段的25％。但是在此之后又开始增加,2008年时回复到了39％。在中年层里,从上世纪80年代后期开始一直处于减少的状态,而在最近五年有所增加。

但认为"需要学习的地方不多"的人与前两者相比比例并不高,由此可见,在这一方面,持有信心的人并不多。特别是在年轻人中,这35年间一直处于减少的状态,1998年之后开始降到了10％以下。中年层在上世纪80年代和90年代之间也处于减少的状态。而在老年人中,上世纪80年代时也处于减少状态,但是进入90年代之后逐渐增长,在最近五年里由20％增长到了24％,恢复到了曾经的最高值水平(1983年)。

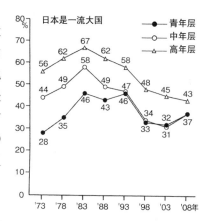

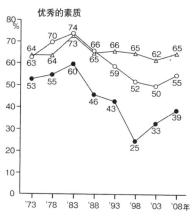

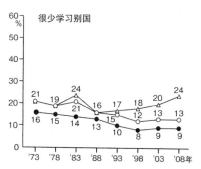

图Ⅳ-6　对日本的自信("我这么认为",分三个年龄层)

综上所述,对于日本的自信心,在上世纪 70 年代前期~80 年代前半期间较强。而此时的日本正处于走出两次石油危机,谋求经济结构转换和加强国际竞争力的时期。1979 年美国人 Ezra Feivel Vogel 所写的《Japen is No. 1》在日本成为了畅销书,而在 1980 年,日本的汽车销量超过了美国成为世界第一。

不过从 80 年代中期开始,日本企业积极拓展海外事业,随着海外投资的过热,逐渐受到人们的质疑,因此对于日本的信心也随之减弱。

进入上世纪 90 年代之后,泡沫经济开始,随之而来的是"平成萧条"期,被称作失去的 10 年。金融机构大量的裁员,公司接二连三破产,被称作"就业冰河期",再加上前所未有的天灾,阪神·淡路大地震。在这一时期的前半段,仅有认为"需要学习的地方不多"的选项有所减少,但是进入后半期后,关于日本信心的三个选项全都出现了降低。因此,对于日本的自信心反映出了日本国内外经济以及社会的状况。

在最近五年,国民的信心虽然有所增加,但是并不能与朝气蓬勃、经济高速发展的上世纪 70 年代~80 年代前半段相提并论,因此并未出现大幅回升。

此外,在 2008 年进行调查之后,"百年一遇"的经济危机爆发,日本也受到了影响。对于日本的信心不仅体现在国家内部,海外对于日本的评价同样会对此产生影响。在世界性的经济不景气面前,随着海外对于日本的评价,想必日本人对于日本的信心也会出现变化吧。

Ⅳ-3 对于日本的热爱—任何时代都维持在高水准

在年轻人中爱国心增加

作为对于日本看法的另一个侧面,对爱国心进行观察。关于爱国心,对于以下三个选项进行回答,"是"或"不是"(第 34 问)。

1. 生在日本真幸福

2. 看到日本的古寺和民居感到很亲切

（对于寺院和民宅感到亲切）

3. 希望以自己的方式对日本作出贡献　　（为日本作贡献）

对于日本的爱国心在三个方面都非常突出。"对于寺院和民宅感到亲切"的比例始终在80％以上，"生在日本真幸福"从来没有低于过90％。但是"为日本作贡献"的选项在任何一个时代都在70％左右，但和35年前相比，有所减少（图Ⅳ-7）。

图Ⅳ-8将三个侧面的比例按照出生年进行区分比较。

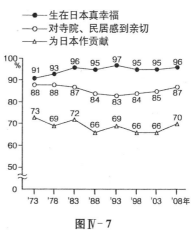

图Ⅳ-7

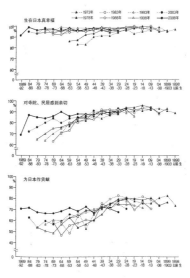

图Ⅳ-8　对日本的挚爱

在上世纪70年代前半段～80年代前半段时期，出生于1934年～1958年的人群正处于10岁年龄层～30岁年龄层，他们中选择"生在日本真幸福"的人出现增加，直接的结果便是到了80年代后期世代间的差距几乎不存在。

在选择"对于寺院和民宅感到亲切"的人群中,1948年以前出生的人群中,35年间几乎没有出现变化。而在1948年之后出生的人群中,从长远的角度来看处于增加状态。特别是在1964年以后出生的人群中,在最近10年里认为"是"的人大幅度增长,因此各年龄层之间几乎不存在差距。

关于"为日本作贡献"的选项,从1978年~1993年之间,在新加入调查的年轻人中,认为"是"的比例总是不固定,因此调查结果不能维持在一个稳定的层面上。但是从90年代后半期开始,"1959年~1983年"出生的人群中认为"是"的比例有所增加,各年龄段之间的差距也不断缩小,最近五年间的结果也处于增长状态。

如上所示,在对于日本的热爱方面,三个侧面与35年前相比,在年轻人中认为"是"的比例都有所增加,各年龄段之间的差距也在不断地缩小。

对于日本的意识以及参加国际交流的欲望

政治学者盐川伸明指出"对于集团归属感,人们常会对'伙伴'及'同伴'进行分类,通过这样的方式提升亲切感与团结程度。同时对于集团外部的人士进行'区别对待'又是难以避免的。并不能说'区别对待'就一定会走向'歧视'甚至是排除异己的程度,但确实有很多类似的情况。"(《民族和国家》岩波新书,2008年,198页)。对于是否能得到这一结论,从2008年进行的日本人的意识调查中,得到了验证。

在对于日本的信心以及与挚爱相关的各三个选项中,认为三项都是"是"(在关于自信的三个选项中,关于"有许多需要向外国学习的地方"的选项,选择"不是"的人)的得3分,认为两项"是"的得2分,认为一项为"是"的得一分,除此之外的得0分。通过将结果详细分数化,把得到3分和2分视为"强",把1分和0分视为"弱"(表Ⅳ-3)。将接受"国际交流欲望的调查"的人群中,选择"是"的人分成老、中、轻三个年龄层,从中整理出各年龄段的变化情况。

现代日本人的意识解读

表Ⅳ-3　与外国的交流("我希望这样",分三个年龄层，分对日本的挚爱和自信，2008 年)

		对日本的挚爱			对日本的自信		
想成为朋友	青年层	84％	＞	67	80		82
	中年层	75	＞	54	69	＜	75
	高年层	45	＞	26	38	＜	47
支援活动	青年层	88	＞	63	89		84
	中年层	81	＞	53	74	＜	80
	高年层	75	＞	41	75		71
在海外工作、学习	青年层	61		54	60		60
	中年层	50	＞	35	45		50
	高年层	22		14	20		22

数字之间的不等号，是比较两边数字后的检定结果(可信度 95％)，左侧高用＞，左侧低用＜表示。

　　结果显示，在对于日本的热爱关系中，"想成为朋友"和"支援活动"这两项在任何年龄层中，都显现出热爱程度越高，比例也就越高的特征，而"在海外学习·工作"方面，年轻人与老人之间有明显差异。

　　另一方面，在对于日本的信心这一选项中，强与弱基本上看不出有怎样的不同。在中年人群和老年人群中，对于"想成为朋友"的选项，两者中自信心弱的人比例都较高，而在"支援活动中"，中年人群里自信心低的人群占到的比例较高。除此之外在态度的积极度上也并没有存在太多差异。而且在年轻人中，这三个选项都与对于日本的"信心"成正比。

　　从这个结果可以看出爱国心强烈的人中，想与外国交流的人占了大多数，对于日本的热爱并未使人们产生排斥其他国家的思想。另一方面，对于日本信心的强弱，也没有对与外国交流的热情方面产生明显的影响。

　　对于国家意识的国际化比较

　　在这节中对于日本的信心和爱国心进行了比较，日本人对于自己祖国的意识,在与其他国家进行比较时会出现怎样的状况呢。在这里将 NKH 放送文化研究所所参与的 ISSP(International Social Survey Programme)国际比较调查中的 National Identity 调查的结果作为参考①。

首先、对于自己的国家(日本)"非常热爱"、"还算热爱"的比例占到了 92％,这个比例几乎和"日本人的意识调查"相同,而在接受调查的 34 个国家和地区中排在第五位。此项调查结果比例超过 90％的国家和地区达到了 22 个,接近三分之二。而在身为日本人感到骄傲的选项中,认为"非常骄傲"和"还算骄傲"的人占到 91％,排在第 8 位,另外 17 个国家超过 90％。如果仅对这一结果进行观察,似乎对于日本的热爱以及自豪并非极其突出。

在关于国家的自信以及热爱方面,2006 年修改的教育基本法,加入了"在热爱自己祖国和故乡的同时,养成尊敬其他国家,为世界和平做出贡献的态度"的内容。对于将爱国心写入教育法规,有人对于这种强制性的行为提出了异议。今后,在这种新的教育理念下成长的世代,对于日本的信心及热爱将呈现出怎样的变化呢?此外,是否真的能像法律的主旨那样在不形成内部集团意识以及不产生对别国的排斥态度的情况下培养爱国心吗? 包括这样的问题在内,应该好好运用"日本人的意识"调查积累下来的经验,用长远的眼光来进行分析。

Ⅳ- 4　对于天皇的感情—昭和与平成的不同表现

平成时期徘徊于"好感"与"无感情"之间的对天皇的爱

现任的天皇自继位以来,至 2009 年将满 20 周年。人们对于天

---

① ISSP 每年制定题目,加盟机构将其翻译成各国语言进行调查分析。National Identity 作为 2003 年的题目,在欧美为中心的 34 个国家进行了调查,为了调查年龄和性别的比例对主要国家进行了分析。此外,除一般结果外,还将"不知道"和不回答的选项剔除后以 100％为单位重新进行了统计。还将德国分为西德和东德,并将耶路撒冷分为阿拉伯系和犹太系进行分析。因此顺序的排列并非 34 而是 36——原书注。

皇都含有怎样的感情呢,随着时代以及世代的更迭,人们的想法也在不断变化。

从调查的四个选项中,选出一项"现在对天皇抱有怎样的感情"(第35问)。

1. 怀有尊敬之情　　　　　　　　　　　　　　（尊敬）
2. 抱有好感　　　　　　　　　　　　　　　　（好感）
3. 并没有特殊感情　　　　　　　　　　　　　（无感情）
4. 比较反感　　　　　　　　　　　　　　　　（反感）

图Ⅳ-9 显示了全体调查结果的变化。从 1989 年～1993 年,也就是说包括了从昭和天皇变更到平成天皇的 1989 年。对于天皇的感情,除了"反感"项没有出现明显变化外,其他几项都出现了明显的变化。

昭和的时候,对于天皇"无感情"的比例一直处在 40％以上,占据多数。接下

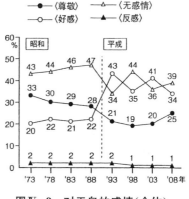

图Ⅳ-9 　对天皇的感情（全体）

来便是"尊敬"、"好感"、"无感情",并且维持顺序不变。而进入平成之后,"无感情"的比例降到了 34％,而之前一直徘徊在 20％的抱有"好感"则升到了 43％,在四个选项中成为比例最高的选项。之后不是"好感"下降,"无感情"上升,就是"无感情"下降,"好感"上升,并随着时代的变化而产生浮动。但是在最近五年间,"好感"有所减少,而"无感情"没有发生明显变化。正因如此,2008 年时"无感情"为 39％,"好感"为 34％,两者之间的差距正渐渐缩小。

此外,在这五年里,"尊敬"首次出现增长。"尊敬"在昭和时代时停留在 30％左右,在 1993 年进入平成后的第一次调查中由 28％下降到了 21％。之后一直在 20％左右徘徊,而在最近五年中首次出现增加,达到了 25％,这一数据已经是进入平成后最高的了。

除此之外,将男女的调查结果分开观察的话便会发现,在男性当中,无论是平成还是昭和时期,"无感情"的人总是最多的,而在女性当中,显示出的结果几乎和总体结论一致,进入平成之后,"好感"和"无感情"的上下浮动颇大,由此可见男女的感情观点存在很大差距(图Ⅳ-10)。

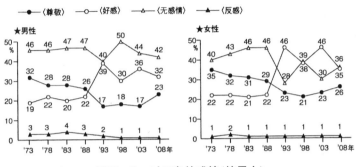

图Ⅳ-10　对天皇的感情(按男女)

这个问题虽然是对待"天皇"态度的调查,但并不仅仅局限于天皇一人,其实这也关系到人们对于皇太子、皇族以及皇室的情感和意识。1993年时,好感度大幅增加不仅仅是因为从昭和天皇变为了现在的天皇,在进行调查的6个月前的皇太子成婚对调查结果也产生了一定的影响。从皇太子选择结婚对象到举行仪式花费了较长时间,同时媒体进行了长期报道。加上这一欢天喜地普天同庆的氛围,因此抱有"好感"的人增加了。

此外,2003年的"好感"选项的数据也有所增加,这主要是因为在2001年,皇太子夫妇的第一个孩子诞生,并经常向人们介绍孩子在家庭里的成长状况,增加了民众的好感度。

通过结婚、抚养子女这些平常事,拉近了平常人与皇室的距离,因此对第2次好感度的回升产生了一定的影响。

对于天皇的感情与世代

图Ⅳ-11对于"好感"的比例结果进行了分析,并按照昭和·平成的年代以及接受调查者的出生年代进行分类、比较。在昭和世代,数据线几乎成同样的形状,相互重叠,对于天皇的感情在各个世代中几乎是固定模式的。另一方面,进入平成之后,即使是同一世代的人,随着调查时期的不同,抱有"好感"比例也会出现变化。

对于天皇感情的调查,数据显示基本上根据世代的不同,年龄层会相对固定,但是随着时代的不同也呈现出了不断发生变化的状况。

为了比较人们对于天皇的感情变化,图Ⅳ-12将35年间8次"日本人的意识调查"结果(表Ⅳ-4)根据时间的推移进行了重新归类(详细的归类方式请参照第Ⅷ章)。

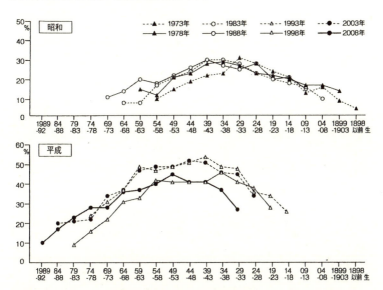

图Ⅳ-11　对天皇的感情《好感》(按出生年)

表Ⅳ-4　世代区别

世代区分名称	生年
战争	～1928 年
第一战后	1929～1943 年
团块	1944～1953 年
新人类	1954～1968 年
二代团块	1969～1983 年
二代新人类	1984～1992 年

出生于"战争"年代的人无论是对退位的天皇还是继位的天皇,怀有崇敬心情的人都超过了50％,占到了压倒性的数量。直至昭和转变为平成时期,也就是20世纪80年代后期～90年代前期,

"尊敬"的选项有所减少，但是在 1998 年～2008 年的 10 年间一直保持增长的状态。

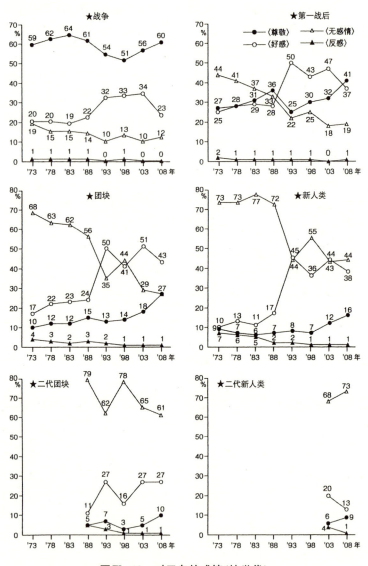

图 Ⅳ-12　对天皇的感情（按世代）

在"战后第一代人"里，出现了与"战争"世代有所不同的反应，那便是"无感情"。但是到了昭和末期的 1988 年，"无感情"出现了减少，"尊敬"不断增加，并成为了最高选项。进入平成之后"好感"

现代日本人的意识解读

成为了多数选项,但是从 2003 年～2008 年有所减少,"尊敬"又一次增加,并再次成为被选最多的选项。

1971 年至 1974 年"集中出生"的一代人在昭和时代对于天皇的感情以"无感情"居多,在昭和的 20 年里有所减少,在天皇更替的 20 世纪 80 年代后期～90 年代初期,更是不断走低,并被"好感"超越。从 2003 年开始,"好感"便成为最多的选项,不过所占比例从 51％减少到了 43％。而"尊敬"至 1998 年为止都未出现变化,但是在之后的 10 年间持续增多,到 2008 年时,达到了 27％,与"无感情"的比例基本相同。

1980 年代的"新人类"在昭和时代时也是"无感情"占了大多数,并且任何时代都超过了 70％。但是在进入平成之后随着"无感觉"的递减以及"好感"的增加,两者之间的距离被逐渐拉近。而在"新人类"的世代中,从 90 年代后期开始,"尊敬"同样持续增长。

而 1971 年至 1974 年"集中出生"的一代人,不论在什么时代,"无感情"都超过 60％。"尊敬"在最近 5 年有所增加。

除去只有最近 5 年数据的"新人类年轻人",在 1998 年之后的任何一个世代在"尊敬"方面都表现出了增加的趋势,而于此相反的是,在最近 5 年里,"好感"在"战争世代"、"战后第一代"、"集中出生的一代"、"新人类"的人群里比例都出现了下降。

就像笔者之前叙述的那样,进入平成之后,"好感"的比例第二次增长是因为皇太子结婚生子这样平凡的事情拉近了与百姓的距离。除此之外,在 2003 年～2008 年的 5 年间,皇位继承问题映入人们的眼帘,而"秋筱宫家"(日本皇室的一支)长子的诞生也成为了一时的话题。另外,继位 20 年来,在人们的观念中,"天皇"的存在感有所提高,与"好感"相比"尊敬"更加贴近人们心中的真实感受,这也被视为"尊敬"增加的原因之一。

但是与昭和时期人们固定不变的思想意识相比,进入平成之后人们的思想随着时代的变化而不断变化着,因此现在"尊敬"的增加并不表明以后会维持增长。

Ⅳ-5 信仰·信心—"与宗教相关事物"的增加

相信"彼世"、"奇迹"、"护身符"的人数出现增加

提到宗教与信仰,不禁也会联想起时代的变迁,随着 21 世纪的到来,宗教与信仰的影响在不断扩大,而且似乎以潜移默化的方式影响到了人们的思想。调查的内容并非局限于传统宗教派别和明确的宗教信仰,而是就人们对于"宗教性"文化和现象衍生的意识分为"信仰·信心"以及"宗教行为"两个侧面进行观察。

首先是对信仰·信心进行调查"并从与信仰、宗教有关的事物"中选出自己相信的事物(第 28 问)。

1. 神　　　　　　　　　　　　　　　　　　　　（神）
2. 佛　　　　　　　　　　　　　　　　　　　　（佛）
3. 圣经和佛经的教导　　　　　　　　（圣经·佛经教诲）
4. 另一个世界、来世　　　　　　　　　　（另一个世界）
5. 奇迹　　　　　　　　　　　　　　　　　　（奇迹）
6. 护身符的力量　　　　　　　　　　　　　（护身符）
7. 易经·占卜　　　　　　　　　　　　　　　（占卜）
8. 对于与宗教和信仰有关的事物一概不信　　（不相信）

"神"和"佛"无论在哪个年代都遥遥领先于其他与宗教相关的事物(图Ⅳ-13)。并且"佛"在任何年代几乎都有 40％左右的人相信。在最近 5 年间有所增长的选项里,除去"佛"便是"另一个世界"、"奇迹"和"护身符"。特别是在 2008 年,"彼世"、"奇迹"和"护身符"这三项的数据值在这 35 年里都是最高的。

到目前为止在与信仰·信心相关的意识里多数选项同时发生变化的情况曾经出现过两次。一次是 1973 年～1978 年的 5 年内,"不相信"的人数减少,而除去"圣经·佛经教诲"的其他六个选项同时出现增加。另一次是在 1993 年～1998 年,"不相信"的人数增多,"神"、"佛"、"彼世"、"护身符"出现减少。

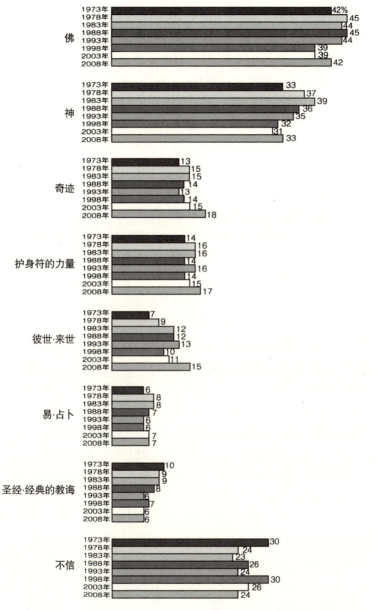

佛
1973年 42%
1978年 45
1983年 44
1988年 45
1993年 44
1998年 39
2003年 39
2008年 42

神
1973年 33
1978年 37
1983年 39
1988年 36
1993年 35
1998年 32
2003年 31
2008年 33

奇迹
1973年 13
1978年 15
1983年 15
1988年 14
1993年 13
1998年 14
2003年 15
2008年 18

护身符的力量
1973年 14
1978年 16
1983年 16
1988年 14
1993年 16
1998年 14
2003年 15
2008年 17

彼世·来世
1973年 7
1978年 9
1983年 12
1988年 12
1993年 13
1998年 10
2003年 11
2008年 15

易·占卜
1973年 6
1978年 8
1983年 8
1988年 7
1993年 6
1998年 6
2003年 7
2008年 7

圣经·经典的教诲
1973年 10
1978年 9
1983年 9
1988年 8
1993年 6
1998年 7
2003年 6
2008年 6

不信
1973年 30
1978年 24
1983年 23
1988年 26
1993年 24
1998年 30
2003年 26
2008年 24

图Ⅳ-13　信仰·信心（复数回答、全体、按 2008 年多少排序）

20 世纪 90 年代,预言人类将于 1999 年灭亡的《诺查丹玛斯大预言》成为了畅销书,此外以用意念弯曲勺子为代表的超能力,还有电影《驱魔师》为代表的超自然现象以及占卜同样掀起巨大热潮。超能热潮和灵异热潮并非首次出现,伴随经济高速增长期的结束导致的心理落差以及石油危机带来的影响,这些"超能力"给人们带来冲击也给人们的日常生活带来寄托。人们对生活的迷茫感,面对未知未来的恐惧感都对以上热潮起到了推波助澜的作用。

在 1995 年时,"奥姆真理教"制造了"地铁沙林毒气事件"等一系列事件,产生了恶劣的社会影响,而在此期间,"不相信"的人有所增加。

近 5 年间,出现了与之前两次较大变化相类似的变化情况。"不相信"的人没有变化,而相信"佛"、"另一个世界"、"奇迹"、"护身符"再次增加。

但在近几年,"spiritual"这个词被广泛应用于与宗教相关的事物中,原意为"灵魂的"、"精神性的",但是被许多通过先祖、前世、灵魂等方式帮人解决烦恼,规划人生的电视节目或书籍出版物广泛使用。由此可见,并非是信"神"、"圣经·佛经教诲"的人增多了,而是相信"另一个世界"、"奇迹"这样宗教事物的人增多了。

在青年及中年层中增长的"相信宗教"的人

图Ⅳ-14 将"彼世"、"奇迹"、"护身符"分为三个年龄段对 35 年的数据进行了分析。

青年层比中年层、高年层的变化更大。1973 年～1978 年的这 5 年间,这三项都处于增加的状况。在 1993 年～1998 年的这 5 年间,相信"奇迹"的人增多,相信"彼世"、"护身符"的人减少。而近 10 年内,这三项又同时增加。到 2008 年时,相信奇迹的人达到了38％,比其他两项多。

在中年层中,1973 年～1978 年之间相信"彼世"的人有所增加,而相信"奇迹"和"护身符"则没有变化。"奇迹"从 1993 年开始有增加的趋势,并且从 1998 年之后除了"彼世"一直处于增加的状况以外,"护身符"也在最近 5 年间有所增加。然而到了 2008 年,这三个选项之间几乎没有差别。

但是高龄层则与其他两个年龄层明显不同,三个选项一直处于减少的状况。在 1973 年～1978 年之间的 5 年里,整体数据虽说是上升的局面,但是这个年龄层没有发生变化。特别是在 1993

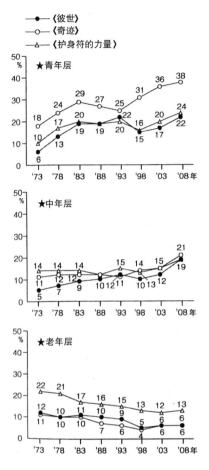

图 Ⅳ-14 信仰·信心（分三个年龄层）

年～1998年间，"彼世"反而出现了减少。

由此可见，在最近5年里，相信"彼世"、"奇迹"、"护身符"这样"宗教性事物"的人群呈现出上升现象，主要是因为青年层和中年层相信的人增加了。

接下来将2008年的结果根据之前相信的人数在各年龄层所占比例制成了图Ⅳ-15。到30岁年龄层后半段为止相信"奇迹"的人最多，特别是10岁年龄层～20岁年龄层前半段中，有超过40％的人相信。而在50岁年龄层后半段开始的人群中，相信"护身符"的人最多，比例接近15％，不过，与其他年龄层相比，相信的人数并不算多。

出生时代决定"神"和"佛"

图Ⅳ-16 将信"神"和"佛"的比例按照出生年表示出来。8 条线反映出了出生年对于信与不信的影响,并且由于出生年龄的不同表现出的模式也比较固定。

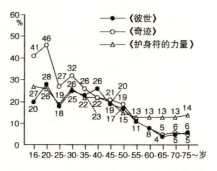

图Ⅳ-15　信仰·信心(2008 年、按年龄层)

信"佛"的数据线呈现出向右上升的结果。出生年代越早的人越相信。因此,随着世代的更替,总体呈现出减少的现象。但是在 1973 年至 1978 年间,以"1924 年～1935 年"之间出生的人群为中心,相信的比例出现增加,甚至盖过了世代的更替所导致的衰减,总体呈现出增加的情况。

此外,在最近 5 年中,由于在"1929 年～1948 年"之间出生的人群中信"佛"出现了增加现象,因此总体出现了上升。

信"神"的人也表现出了比例随年龄的降低而降低的现象。但是与信"佛"相比,世代间的差距没有那么大。在 1973 年～1978 年期间,"1934 年～1953 年"以及"1914 年～1923 年"出生的人群中数据出现增加,因此整体结果呈现出增加的现象。在 1983 年～1988 年期间,"1934 年～1938 年"出生的人之中,相信的人减少,而且在之前的世代更替也出现了减少的现象,虽然属于没有意义的变化,但是这样的减少造成了总体数据结果的减少。此外 1993 年～1998 年期间,除去"1959 年～1968 年"出生的世代,也出现了无意义的减少,造成了数据结果总体下降的现象。

Ⅳ-6　关于宗教行为—现世利益为中心

护身符·祈祷·扫墓

第 27 问为从 8 个选项中选出自己参与的与宗教有关的活动。

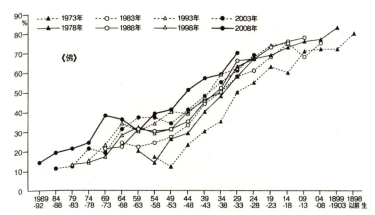

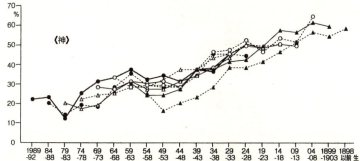

图Ⅳ-16 信仰・信心（按出生年）

1. 平时参与礼拜、诵经、修行、传教等活动 （礼拜・传教）

2. 有时间的话祈祷・诵经 （祈祷）

3. 每年参加两三次扫墓 （扫墓）

4. 偶尔会阅读与圣经、佛经相关的书 （圣经・佛经）

5. 在最近一两年中，以自身安全、生意兴隆、考试及格等为目的的祈愿 （祈愿）

6. 将保佑平安、驱魔、姻缘的护身符放在身边 （护身符）

7. 在最近一两年中，有过求签、占卜等行为 （求签・占卜）

8. 没参与有关宗教的活动 （没参与）

　　不论在哪一个年代，参与"扫墓"的人都是最多的，通常在60%以上（图Ⅳ-17）。"护身符"曾在1983年时增加到36%，但是在1998年时降低为31%。但是2003年之后又回升到了35%。"求签·占卜"在 1973 年时为 19％,1978 年时增加到 23％,2008 年时增长到了 25％,为 35 年间最高值。除了这三项外,"祈愿"也出现了增长。而"祈祷"、"礼拜·传教"、"圣经·佛经"以及"没参与"这几个选项呈减少状态。在最近五年中具有变化的只有"没参与"的选项。

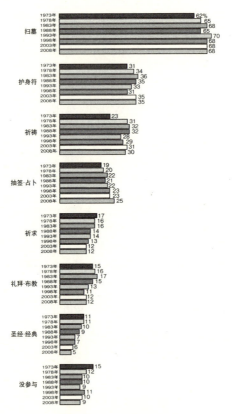

图 Ⅳ-17　宗教的行动
（复数回答、全体、按 2008 年多少排序）

在 35 年间经常进行的多为扫墓、占卜、利益祈愿等与现世相关的活动,而"祈祷"、"传教"等以提升自我修养为目的的行为,长期表现出减少的趋势。

另外、女性比男性更加积极参与"礼拜·传教"、"祈祷"、"圣经·佛经"、"护身符"、"求签·占卜"等活动,而在选择"没参与"的人中,男性要多于女性。由此可见,在有关宗教的活动方面,女性明显要比男性积极得多。

在高年龄层中自我修养的行为也有所下降

图Ⅳ-18将过去35年间,"礼拜·传教"、"祈愿"、"求签·占卜"、"没参与"这四项的变化情况分为三个年龄段进行了详细分析。

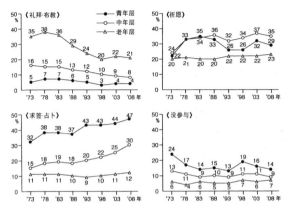

图Ⅳ-18 宗教的行动(三个年龄段)

"礼拜·传教"在三个年龄段都表现出减少的现象。而在高龄层中选择"没参与"的人不管在哪个时代都比其他两个要多,1978年时为38%,但是在1988年—1998年间逐年递减,到了2008年时降为21%,和其他的年龄层之间的差距逐渐缩小。虽在图中没有显示出"祈祷"、"圣经·佛经"的变化情况,但是在高龄层中这种与自我修养有关的行为长时间处于低迷状态。

而在"祈愿"方面,高龄层在35年间几乎没有变化,但青年层和中年层的变化方向则基本一致。正因如此,青年层和中年层的改变也反映到了整体数据的变化上。在青年层和中年层中1973年—1978年期间同时出现增长,而在1988年—1993年之间又同时减少,1998年—2003年再次同时增加,与整体数据表现的变化方向基本相同。

"求签·占卜"在任何一个时代都在年轻人中占较大比例。中年层中最近十年有所增加,达到了30%。但高龄层中,35年间没有多少变化。可"没参与"这个选项于1973年—1978年期间在青年层和中年层中数据有所减少,但是在1993年—1998年期间,所有年龄层中都出现了增长。通过35年间的数据发现,在青年层和中年层中没有参加宗教行为的人减少了,而在高龄层中并未发生变化。

在宗教行为中,高龄层中进行"礼拜·传教"等自我修养的人较多,但是从35年间的变化来看,比例正不断降低。此外,在青年层和中年层中,虽然没有参与宗教活动的人在减少,但是参与"求签·占卜"等与现世利益相关的人却逐渐增多。

即使放在身边也不相信护身符

"信仰·信心"和"宗教相关行为"之间有着怎样的关系呢? 接下来我们将对"护身符"进行观察。

这35年间,在青年层和中年层中,将护身符放在身边的人有所增多,而在高龄层中情况不变(图Ⅳ-19)。

而将护身符放置身边的人中,相信护身符力量的比例变化情况如图Ⅳ-20所示。在整体的数据结果中,相信的人在1973年时为31%,2008年为34%,也就是说不论什么时代,将护身符放在身边的人群里,也仅有三分之一的人相信护身符有保护力量,其他的人

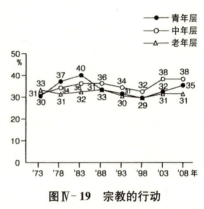

图Ⅳ-19　宗教的行动

即便是将护身符放在身边也并不一定就相信护符的力量。此外,从不同的年龄层来看,各年龄层的变化并不统一。在青年层中,"相信"的人由23%增加到42%,而中年层中由29%增加到36%,但在高龄层中则由50%骤减到了27%,几乎减少了一半。

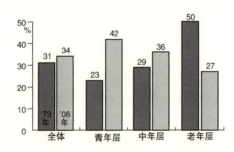

图Ⅳ-20　把护身符放在身边且相信有效的人的比率

现代日本人的意识解读

V 工作·空闲

V-1 理想的工作条件—与同伴快乐工作

"无失业压力的工作"与经济相联

自从经济高速成长之后,日本的行业构造发生了巨大的变化。根据国势调查,1960 年时各行业中 15 岁以上从业人员为第一产业 33％,第三产业 38％,到了半个世纪后的 2005 年,同样是在 15 岁以上从业者中,从事第一产业仅剩为 5％,而第三产业增长到了 67％。此外,在第三产业中,从事服务·事务、专业技术的增长异常明显。此外雇用形式也并非都是正式工,临时工·小时工以及派遣社员也占到了一定的比例,呈现出多元化的特征。在这样的变化中,人们对于工作条件的要求又产生了怎样的改变呢?

为了了解这种变化,在调查中,让答题者从 10 个选项中选出了第一理想和第二理想的工作条件(第 19 问)。

1. 工作时间短的工作 （时间）

2. 无需担心失业的工作 （失业）

3. 无需担心影响健康的工作 （健康）

4. 高收入职业 （收入）

5. 能与同伴共同快乐工作 （同伴）

6. 作为责任人领导指挥的工作 （责任）

7. 独立,无需顾忌到周围人的工作 （独立）

8. 能够应用专业知识·特长的工作　　　　　　　　　（专业）

9. 在社会上流行的工作　　　　　　　　　　　　　　（名声）

10. 对社会有贡献的工作　　　　　　　　　　　　　（贡献）

　　结果如图Ⅴ-1所示。主要对最理想的选项进行分析。如表Ⅴ-1所示，位居前几位的选项几乎是固定的。不论哪个时代"健康"和"专业"都排名在前。而在经济不景气时担心"失业"的选项增长。而"同伴"则在1993年之后变成了被选最多的选项。

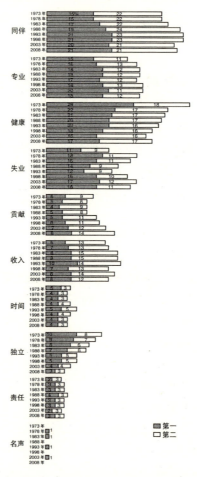

图Ⅴ-1　理想的工作条件（全体，按2008年第一多排序）

表 V-1　理想的工作条件（第一位、前三位项目，全体）

1973 年	1978 年	1983 年	1988 年	1993 年	1998 年	2003 年	2008 年
①	①	①	①	①	①	①	①
②	②	②	②	②	②	①	②
②	③	③	③	③	②	②	③
③					③	③	

"同伴"的选项在第一次石油危机之后的 1978 年排在第 4 位，而在那之后一直处于增长的状态，到 1993 年时增长到了 21%，与"健康"并列成为选择最多的选项。

"专业"在 2003 年时为 20%，与"同伴"并列最多，而到了 2008 年时略微有所减少。

"失业"随着经济的好坏起伏反复变化。"失业"从 1973 年—1978 年间由 11% 增加到 18%。而在那时，日本正遭到石油危机以及日元升值的影响，企业都处于削减员工・合理化调整期间。在那之后对于失业的不安情绪虽然有所好转，但是处在平成萧条期间的 1998 年，"失业"选项又由 12% 回升到了 16%。

而在 2008 年 9 月爆发的金融危机，因为发生在调查之后，故在调查结果上并未反映出来。

在 1973 年，"健康"的选项达到了 28%，成为第一选项，但逐渐呈现出减少的趋势，并且伴随着"失业"的增高，下降的幅度也增加。就如同之前所说的在 20 世纪 70 年代和 90 年代，两者的增减呈现出呼应的现象。

关于其他的选项，在 35 年间"贡献"、"收入"有所增加，"时间"、"独立"有所减少。而"责任"与"名声"在任何一个年代都低于 5%。

在人们追求理想工作的理由当中，排在前几位的并没有太多变化，而人们对于工作的重心也由健康逐渐向职场人际关系和工作的专业性方面转移。此外随着当时经济状况的变化，对于失业的担心也非常明显。

与此同时，我们将第一选择、第二选择合在一起的结果与只有第一选择的结果进行比较的话，发现两者之间几乎没有差别。

只是在第一选项中"收入"和"贡献"的所占比例都不高，而在第二选项中所占比例要多一些。在 2008 年调查时，这两项都超过了 20％，与前几位之间的差距渐渐缩小。

理想的工作与"世代"

"失业"受到经济状况的影响数据也随经济状况上下起伏。而在其他选项中，有的并不会受到时代的影响。在这 35 年里，"专业"逐渐增加，而"健康"逐渐减少，尤其是出生年代对这两个选项影响较大。图 V-2 以出生年对调查结果（只看第一选项）进行了划分。其中，"专业"不论任何年代都呈现出相互重叠逐渐减少的现象。但是，由于新生代所占比例比较高，因此，随着世代更替，数据总体呈现出增长的态势。而另一方面，虽然"健康"的数据同"专业"的数据有相互重叠的现象，但是却与"专业"表现出截然相反的态势，由此可判断随着世代更替，结果将不断减少。

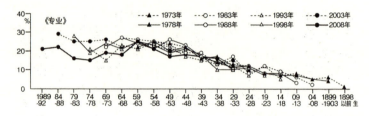

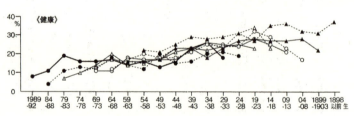

图 V-2　理想的工作条件（第一，按出生年）

职业带来的不同

根据现在所从事的工种性质的不同，人们对"理想工作"的条件是否也会改变呢？表 V-2 将工种分为体力劳动（一般职业、技能·熟练工、买卖·服务职业，以下略称为一般职业·职务·技能工）和文职工作（事务·技术），并从男性女性角度分开进行比较。在表中列出了第一选项中所占比例最高的三个选项。

表Ⅴ-2　理想的工作条件（第一，前三位项目，按男女和按职业）

男性				女性		
全体男性	行政、技术	操作工、技工、销售		全体女性	行政、技术	操作工、技工、销售
①健康23% ②专业15 ③同伴14	①专业28 ②健康16 ③同伴13	①健康25 ②同伴17 ③失业14	1973年	①健康33% ②同伴15 ②专业15 ③失业11	①专业29 ②健康25 ③同伴15	①健康36 ②同伴18 ③失业13
①失业19 ②健康17 ③专业15	①专业25 ②同伴18 ③健康12	①失业22 ②健康19 ③同伴16	1978年	①健康26 ②失业17 ③专业15 ③同伴15	①专业26 ②同伴23 ③健康17	①健康28 ②失业22 ③同伴16
①专业10 ②失业18 ③健康15	①专业27 ②同伴13 ②健康13 ③收入11 ③失业11	①失业24 ②健康18 ③专业13 ③同伴13	1983年	①健康26 ②同伴20 ③专业16	①专业29 ②健康24 ③同伴18	①健康31 ②同伴24 ③失业15
①专业17 ①同伴17 ②失业16 ②健康16 ③独立9 ③收入9	①专业29 ②同伴17 ③健康16	①失业19 ②同伴18 ③健康16	1988年	①健康23 ②同伴21 ③专业19	①专业31 ②同伴23 ③健康20	①同伴27 ②健康25 ③失业13
①同伴19 ②健康17 ③专业16	①专业23 ②同伴17 ③收入15 ③健康15	①同伴21 ②健康17 ③收入16 ③失业16	1993年	①同伴23 ①健康23 ②专业17 ③失业12	①专业28 ②同伴23 ③健康19	①健康25 ②同伴24 ③失业15
①专业19 ②失业17 ②同伴17 ③健康15	①专业27 ②同伴15 ③失业13 ③健康13	①失业22 ②同伴21 ③健康15	1998年	①同伴24 ②健康22 ③专业18	①专业25 ②同伴24 ③健康17	①同伴23 ①健康23 ②失业19 ③专业13
①专业21 ②同伴17 ③失业16	①专业30 ②专业13 ②健康13 ③同伴12	①失业20 ①同伴20 ②专业15 ③收入15	2003年	①同伴23 ②专业20 ③健康18	①专业31 ②同伴23 ③失业15	①同伴29 ②健康21 ③失业18
①专业18 ②失业17 ②同伴17 ③健康13	①专业26 ②健康14 ②同伴14 ③贡献13	①失业24 ②同伴19 ③专业15	2008年	①同伴25 ②健康20 ③专业18	①专业28 ②同伴22 ③健康20	①同伴31 ②健康19 ③失业15

首先，在男性当中，事务·技术在任何时代选择"专业"的人总是最多。而在一般工作者·技能·买卖等职业里，选择"失业"的

比率最高,八次调查中六次排在第一位。在这样的职业当中,和健康、能力相比工作的稳定性更受到男性的重视。

在女性当中,事务·技术相关的职业里"专业"往往排在第一位,与男性相同。但是在一般工作·技能·买卖等行业里,女性对于工作的稳定性并未像男性那样排在前列。在 20 世纪 70 年代前期,"健康"曾排在首位,但是进入 2000 年以后,"同伴"渐渐与其他选项拉开了差距位居前列。

因雇佣形态产生的意识差距

根据总务省的"劳动力调查",2003 年小时工和派遣社员·合同工的比例首次超过了 30％,达到了 30.3％,而在 2008 年则达到 34.0％。

非正式员工往往在经济不景气时成为公司的裁员对象,属于不稳定群体。在这次调查中为了比较因为雇佣形势的不同而产生的差异,特地加入了这方面的问题。在调查中,正式员工都称为"正式雇佣",而小时工·派遣社员·合同工统称为"非正式雇佣"(除去无回答者)。调查结果为"非正式雇佣"者共有 488 人(占到全体从业者的 37％)。在此之中,男性为 134 人(占到全体男性从业者的 18％),女性为 354 人(占到全体女性从业者的 58％),女性所占比例更高。此外,在女性中,30 岁年龄层到 50 岁年龄层之间较多。利用这一区分方式,并借助雇佣形势对"理想工作"产生怎样的影响进行调查分析。

表Ⅴ-3 根据男女雇佣方式的不同将"理想工作"的第一选项进行了整理归纳。在"正式雇佣"者中,"专业"在男性女性当中都排在第一位,而在"非正式雇佣"者中"伙伴"的选项选择最多。而对于担心"失业"的选项,男性女性依雇佣方式并无明显差距。

表Ⅴ-3　理想的工作条件(第 1 位,2008 年,按男女雇佣形态)

	男性			女性		
	正规		非正规	正规		非正规
时间	4％		7	1	＜	5
失业	17		19	12		14
健康	12		15	19		19

	男性			女性		
	正规		非正规	正规		非正规
收入	12		8	8		9
伙伴	14	<	22	24		28
责任	4		2	3	>	0
独立	4		5	2		1
专业	21		19	25	>	16
名声	0		0	0		0
贡献	12	>	5	8		6

※数字间的不等号，是比较了两侧数字的检定结果（可信度 95％），左侧高用＞表示，左侧低用＜表示。

Ⅴ-2　工作与空闲—享受空闲时光的意识较为固定

在 20 世纪 80 年代发生很大变化

如果说职业是有约束感的义务的话，空闲时光就是随心所欲摆脱束缚的时间。

第 22 问为关于工作和空闲平衡的问题，五选一。

1. 与工作相比，在空闲中寻找生命的价值　　　　（休闲第一）
2. 快点完成工作，尽量享受空闲　　　　　　　　（休闲优先）
3. 工作与空闲时光投入同样精力　　　　　　（工作·休闲两立）
4. 更重视对工作的投入，有时对空闲时光投入精力

（工作优先）

5. 在工作中寻找生命的价值，全情投入　　　　　（工作第一）

图Ⅴ-3 为全部的结果。在 20 世纪 70 年代，"工作优先"达到 35％，成为被选最高的选项，直到 90 年代开始逐渐形成降低的状态，到 2008 年时为 21％。与其相互呼应的是"工作·休闲两立"选

项，在 20 世纪 80 年代后期开始成为了优先选择的选项，但是在最近五年间开始出现了减少。再从 35 年间的数据来看，"工作第一"的选项在逐渐减少，而"休闲第一"则在悄然增加。

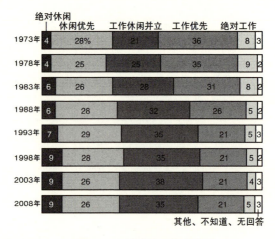

图Ⅴ-3　工作与闲暇（全体）

像这样相对于工作而更重视休闲的人越来越多。在这里将优先选择休闲类的 1、2 选项的人统称为"休闲志向型"，而将首先选择工作类的 4、5 选项的人统称为"工作志向型"，将两者进行比较（图Ⅴ-4）可发现人们的意识在 80 年代时发生了改变。

根据内阁府的《关于国民生活的舆论调查》中针对"你希望在今后的生活中对于哪方面投入精力？"的问题，"娱乐·生活休闲"在 1983 年时首次超过了"居住生活"。而关于缩短劳动时间的讨论和一周双休制的制定都是在 80 年代开始受到

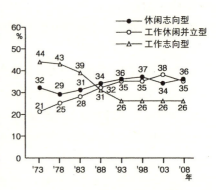

图Ⅴ-4　工作与闲暇（全体）

大家的重视，休闲娱乐的条件逐步完善和人们对于休闲的意识的提升密不可分。

另外在男性中"工作志向型"较多，而在女性当中，多数属于

"娱乐志向型"。

工作和休闲的平衡与世代间的关系

出生年代的不同基本上决定了工作和休闲的关系。接下来，我们将根据出生年的不同对"工作·休闲两立"和"工作志向型"，在男性女性之间进行比较。

在"工作·休闲两立"之中，不论男女，8条数据线都呈现出相同的形状，对于工作和休闲投入同样精力的想法几乎不受时代的影响控制，而是取决于出生年代（图Ⅴ-5）。在"1964年—1968年"之前出生的世代中呈现出向右下降的数据线，而其更加年轻的世代间的差距则在不断缩小，随着世代更替，影响也逐渐缩小。在选择"工作·休闲两立"的人群中，在男性80年代后半期，女性90年代前半期出现了增多，但是在此之后停止了增长。而在2003年—2008年之间，男女同时出现了无意义的减少，由38％减少到了35％。

另一方面，"工作志向型"受时代的影响较大（图Ⅴ-6）。特别对于男性，在1983年—1988年之间处于位居下方的数据线。在这五年间，于"1919年—1943年"出生的世代间出现了大幅下滑的现象，此外在其他时代中也出现了无意义的减少，导致整体数据出现降低。而在这段时期，几乎在所有的世代之中，"工作志向型"在数字上显示减少了。但是男性的总体数据和女性的基本数据在进入90年代之后便没有明显变化了。

如上所示，不同年龄层之间的支持比例，与35年前相比变化很大。图Ⅴ-7对男女分别进行了比较。

其中，男性的变化特别明显。1973年时，无论哪个年龄层，"工作志向型"都是最多的，尤其是在20岁年龄层后半段至50岁年龄层前半段中比其他两个年龄层的比例要高。在2008年的调查中，"工作志向型"在60岁年龄层前半段和70岁以后的人群中所占比例最高。在50岁年龄层后半段之前的几乎所有年龄层中，选择"工作·休闲两立"的选项的人最多。

另一方面，女性像1973年时的男性那样选择工作优先的想法还较弱。除去20岁年龄段以下的年龄层和70岁以上年龄层，在其他的年龄层中几乎呈现"工作志向型"和"休闲志向型"分庭抗礼的

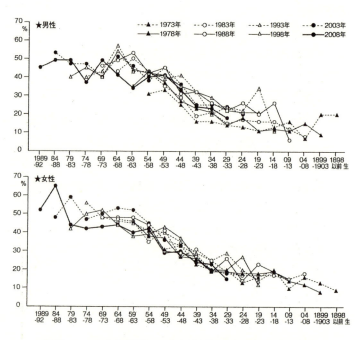

图 Ⅴ-5 工作与闲暇《工作闲暇并立型》(按男女出生年)

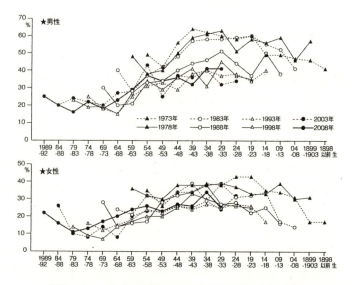

图 Ⅴ-6 工作与闲暇《工作志向型》(按男女出生年)

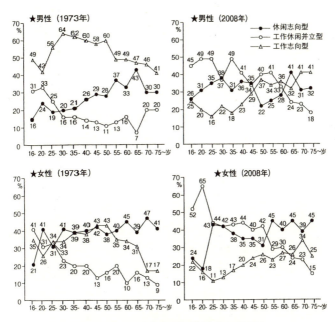

图 V-7 工作与闲暇(按男女年龄层)

局面。而在 2008 年的调查中,在 55 岁之前的几乎所有年龄层中,"工作·休闲两立"所占比例最高,而在 55 岁以后的年龄层中,"休闲志向型"则最多。

意识较固定,并无改变的现状

在此之前,我们对"工作"、"休闲"进行了观察,而实际情况又是怎样的呢?

根据厚生劳动省的"每月勤劳统计",2008 年日本人的总劳动时间(事务所在 5 人以上)为一年 1792 小时,已持续两年呈减少状态。这主要是因为非正式员工的增加导致总体劳动时间减少,其实正式员工的工作时间并没有减少。而根据总务省的劳动力调查(速报),一周总工作时间超过 60 小时的从业者(不包括休业者),在 2008 年时占到了 10％,平均 10 人中就有 1 人。通过 NHK 于 2007 年实施的调查发现,在一周工作时间超过 60 小时的人群中,不仅希望增加休闲和家庭欢乐时光的比例超过了整体的平均比例,而且对于休闲的满足度较低,由此可见,工作与休闲的平衡度并不能令人满意①。

近年来,作为劳动方针,"工作与生活平衡"的理念被提了出来。在《平成19年版经济劳动白皮书》中,提出"平衡工作生活理念与雇佣工作体系",指出"和谐的工作与生活可以增加劳动者的工作满足感和提升就业欲望",并提倡"努力追求能够使人同时对生活和工作感到充实满足的生活方式"。虽然说重视休闲的生活方式已经进入了人们的思想意识之中,但是现实似乎又使得人们不得不过着工作第一的生活。

V-3 空闲生活的消磨方式

休息的时候做喜欢的事情

人们是怎样度过休闲时光的呢? 并且将来的休闲时光又如何度过呢? 在此调查中首先要求调查对象从以下六个选项中选出自己在空闲时间最常做的和第二常做的事(第20问)。

1. 做自己喜欢的事情　　　　　　　　　　(做喜欢的事)
2. 好好休息为第2天做准备　　　　　　　　　　(休息)
3. 做运动锻炼身体　　　　　　　　　　　　(运动)
4. 学习知识,充实心灵　　　　　　　　　　　(知识)
5. 加强朋友和家人关系　　　　　　　　(朋友·家人)
6. 参加对社会有贡献的活动　　　　　　　(社会活动)

将"最常做的事的单独统计结果"与"最常做的事和第二常做的事的合计统计结果"进行对比,便会发现以下几个共同特点:①"做喜欢的事"这个选项无论在哪个年代,所占比例都很高;②"休息"选项在70年代和80年代减少,"朋友·家庭"在1978年—1983年增加;③"社会活动"则一直都很少(图V-8)。

但是,在最常做的事情中,70年代—80年代,由于"休息"一直

---

①　西久美子〈由休闲意识观察工作·生活的平衡〉,NHK放送文化研究所编,《放送研究与调查》,2008年4月号,日本放送出版协会——原书注。

在减少,而"朋友·家庭"则在增加,因此在 1993 年以后,两者之间几乎没有差距。在将最常做的事和第二常做的事进行综合统计后可以看出,从 20 世纪 80 年代开始,"朋友·家庭"超过了"休息"。

这里我们开始对最常做的事进行分析。

首先是关于如何度过休闲时光,根据男女性别以及不同的年龄层进行比较。不论男性女性,在任何一个时代,选择"做喜欢的事情"总是最多的。而排在其后的选项中,绝大部分男性会选择"休息",而女性在 1988 年以后,由"休息"转向了"朋友·家庭"(表 V - 4)。"做喜欢的事"、"休息"、"朋友·家庭"这三个选项一直排在前三位,图 V - 9 将 1973 年和 2008 年这三个选项的数据单独列出,从性别和年龄层出发进行了比较。

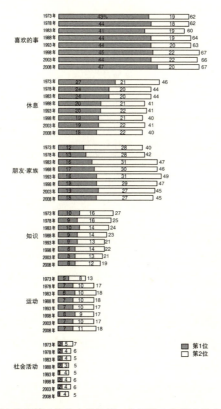

右侧数值是第 1 位和第 2 位的合计数值。由于第 1 和第 2 是合计计算的,故和加上百分比的数值不一致。

图 V - 8　闲暇的度过方式(现状)(全体,按 2008 年回答第 1 多排序)

表 V-4　空闲时间的如何使用（现状）（第 1 位，前 3 项，

按全体和男性、女性）

	全体	男性	女性
1973 年	① 做喜欢的事　43% ② 休息　27 ③ 亲友聚会　12	① 做喜欢的事　45 ② 休息　28 ③ 亲友聚会　10	① 做喜欢的事　41 ② 休息　26 ③ 亲友聚会　14
1978 年	① 做喜欢的事　44 ② 休息　24 ③ 亲友聚会　13	① 做喜欢的事　44 ② 休息　24 ③ 亲友聚会　11	① 做喜欢的事　44 ② 休息　24 ③ 亲友聚会　15
1983 年	① 做喜欢的事　41 ② 休息　24 ③ 亲友聚会　16	① 做喜欢的事　43 ② 休息　25 ③ 运动　11	① 做喜欢的事　39 ② 休息　23 ③ 亲友聚会　20
1988 年	① 做喜欢的事　44 ② 休息　20 ③ 亲友聚会　17	① 做喜欢的事　47 ② 休息　22 ③ 亲友聚会　12	① 做喜欢的事　42 ② 亲友聚会　20 ③ 休息　19
1993 年	① 做喜欢的事　44 ② 休息　20 ③ 亲友聚会　18	① 做喜欢的事　48 ② 休息　20 ③ 亲友聚会　13	① 做喜欢的事　41 ② 亲友聚会　22 ③ 休息　19
1998 年	① 做喜欢的事　45 ② 休息　19 ③ 亲友聚会　18	① 做喜欢的事　50 ② 休息　19 ③ 亲友聚会　13	① 做喜欢的事　40 ② 亲友聚会　23 ③ 休息　19
2003 年	① 做喜欢的事　44 ② 休息　19 ② 亲友聚会　19 ③ 知识充电　9	① 做喜欢的事　48 ② 休息　19 ③ 亲友聚会　14	① 做喜欢的事　41 ② 亲友聚会　23 ③ 休息　19
2008 年	① 做喜欢的事　47 ② 休息　18 ② 亲友聚会　18 ③ 知识充电　8	① 做喜欢的事　51 ② 休息　17 ③ 亲友聚会　14	① 做喜欢的事　44 ② 亲友聚会　21 ③ 休息　18

　　首先来观察男性的数据。1973 年时，在 40 岁年龄层前半段之前的年轻年龄层中，"做喜欢的事"的比例要高于其他两项，而从 40 岁年龄层后半段开始，"休息"与"做喜欢的事"的比例旗鼓相当或成为首先选择的选项。到了 2008 年时，"做喜欢的事"在任何一个年龄层都是被选最多的选项。而"休息"在任何一个年龄层中都处于逐渐减少的状态，结果在 40 岁年龄层前半段之前的年龄层中，除了 20 岁年龄层后半段的年龄层，"休息"甚至被"朋友·家庭"超过。

　　女性当中，1973 年时在 40 岁年龄层前半段—50 岁年龄层后半段中"做喜欢的事"和"休息"的位置相当，而在其他的年龄层中，

现代日本人的意识解读

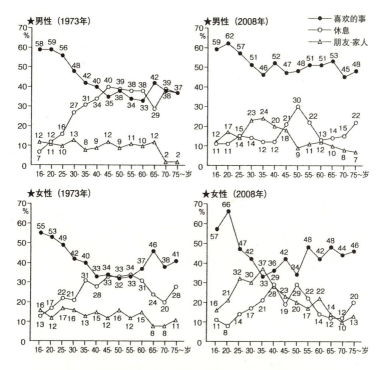

图Ⅴ-9 空闲时间的度过方式(现状)(第1位,按男女年龄层)

"做喜欢的事"的比例最高。到了2008年,虽然几乎所有的年龄层中"做喜欢的事"都被列为最高选项,但是在20岁年龄层后半段—40岁年龄层前半段的人群里,"朋友·家庭"的比例有所增加,甚至在30岁年龄层后半的年龄段中,超出了"做喜欢的事"这一选项。

接下来通过其他调查结果,对于休闲时光是如何度过的问题进行观察。在内阁府进行的《国民生活舆论调查》中有这样一题:"你现在用何种方式度过自己的空闲生活"。在2008年的调查之中,"收听广播,看电视"所占比例达到了56%,为首位选项,在空闲生活中位居中心位置。而在其他选项中,"享受兴趣爱好"(44%),"悠闲的度过,放松休养"(41%),"阅读新闻杂志"(39%),"享受与家庭的温馨时光"(37%)等选项占到的比例也很高。

现状与未来

在"日本人的意识"调查中,除了对现在已有的度过空闲时间的方式进行调查外,还对"将来想以何种方式度过空闲时间"进行了调查,选项与现在的相同,并从中选出一项(第 21 问)。将来的期望与现状相比,虽然时代在不断变化,但是比例并未发生太大改变。通过比较 35 年间的数据发现,"做喜欢的事情"一直是最多的选项,"朋友·家庭"和"运动"的地位在提升,"知识"的比例在减少(表 V-5)。

表 V-5　闲暇的度过方式(将来)(全体,按 2008 年的多数排序)(%)

	1973 年	1978 年	1983 年	1988 年	1993 年	1998 年	2003 年	2008 年
做喜欢的事	37％	36	35	39	39	38	38	38
亲友聚会	16	16	18	18	18	19	21	20
知识充电	24	24	25	23	20	20	19	17
社会活动	9	9	9	7	10	9	9	10
运动	5	8	7	7	7	7	7	7
休息	7	6	5	5	5	5	5	6

图 V-10 将 1973 年和 2008 年中,现在度过空闲时间的方式(第一选择)和将来期望的度过方式进行了比对。在对角线上方则代表与现在相比更重视将来,在对角线下方则相反。

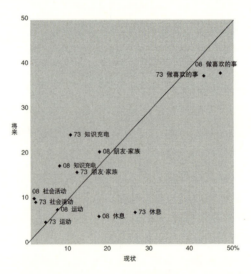

图 V-10　空闲时间的度过方式(现状的第 1 位)和(将来)(全体)

在现状与未来之间几乎不存在差距的是"朋友·家庭"、"休息",1973 年和 2008 年的调查结果里这两种倾向并没有变化。

"做喜欢的事"和"休息"的选项更偏向于现有方式。在 35 年间,将"做喜欢的事"作为现在的休闲方式的人不断增加,因此在2008年时,现有方式与将来期待的方式之间拉开差距。另一方面由于在现有方式中,选择"休息"的人有所减少,因此现在与将来之间的差距缩小了。

与"现状"相比"将来"更受到重视的是"社会活动"和"知识"这两个选项。在"社会活动"中无论是现在还是将来的意愿都与35年前几乎没有变化,但是与现状相比,倾向于将来的意愿更高。而"知识"在35年间,无论是在现状还是在对未来的期待方面都处于降低的状态,特别是在未来期待方面减少尤为明显(24%减至17%)。

Ⅵ 日常生活

Ⅵ-1 存钱·消费的态度

"存钱"增加,与"计划性消费"并列

第5问对于"如果得到了相当于一个月工资的临时收入,如何处理较好"进行了调查(3选1)。此项调查针对的并非正常收入,而是临时收入。

1. 不考虑以后,尽情地花钱。　　　　　　　(无计划消费)

2. 计划如何使用。　　　　　　　　　　　(计划性消费)

3. 将来可能有用,先把钱存起来。　　　　　(存钱)

1973 年时"计划性消费"和"存钱"的比例还处于旗鼓相当的位置,但是,在经过了第二次石油危机后,到了 1983 年时,"存钱"增加到了 47％,与"计划性消费"的 40％渐渐拉开了差距。但是,在处于泡沫经济期的 1988 年时,"计划性消费"和"无计划消费"同时增加,而选择"存钱"的人出现了减少。在那以后,到 2003 年为止,"存钱"的比例都没有出现变化,而"计划性消费"增加到了 46％。在最近五年,"存钱"由 40％增加到了 43％,和"计划性消费"的44％几乎持平(图Ⅵ-1)。而且,不论哪个时代,"无计划消费"都在15％以内,与"存钱"和"计划性消费"相比明显较少。

此外,对男性女性进行对比便会发现,无论哪个时代,在男性

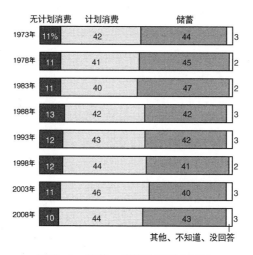

图Ⅵ-1　储蓄·消费的态度（全体）

当中，"计划性消费"和"无计划消费"的比例较高，而在女性中"存钱"所占的比例较高。

"存钱"意识逐渐与生活状态无关

为了调查结婚·生子等生活状态对于存钱和消费会产生怎样的影响，表Ⅵ-1对于"存钱"意识，从男女不同的角度进行了比较。不论处于哪种生活状态，女性的"存钱"意识总要高于男性。

表Ⅵ-1　储蓄·消费的态度《储蓄》（按男女生活情形）

	男　性				女　性			
	未婚	无子女	子女初中以下	子女高中以上	未婚	无子女	子女初中以下	子女高中以上
1973 年	25％	36	37	48	39	50	48	55
1978 年	30	39	38	50	39	55	49	56
1983 年	33	41	38	51	36	51	52	58
1988 年	28	37	33	44	33	51	44	53
1993 年	29	37	30	40	48	45	45	52
1998 年	29	36	31	40	36	36	43	50
2003 年	31	40	33	35	38	41	50	46
2008 年	42	41	46	39	47	46	44	45

对于女性进行详细观察后发现，至 1988 年止，其"存钱"意识的特征为：在未婚女性中较少。1993 年，除去已婚者中子女为高中

生以上的群体,在其他生活状态下的人群之间几乎没有差距,一直到 2003 年,在未婚者和已婚但没有孩子的人群中,"存钱"的意识较低。而在男性方面,在 1983 年时,还呈现出与女性一样的状态,即在未婚者中"存钱"意识并不高,而从 1988 年—2003 年之间,在已婚或子女未上初中的人群中,"存钱"意识依旧较为淡薄。

而在最近五年间,未婚男女以及子女未上初中的已婚男性当中,"存钱"意识有所加强。由此可见不论男女,生活状态对于"存钱"意识的影响正逐渐消失。

在男性中增加的"存钱"意识

图Ⅵ-2 将选择"存钱"的人的比例按男女分开,根据出生年代进行归纳。对于存钱的意识,基本上由出生年代决定,但是在自 1990 年以后出生的人群中,特别是年轻人受到时代的影响较大。也就是说,原来选择"存钱"的人中,年轻人较少,老年人居多。但是到了 2008 年时,"1964 年—1968 年"和"1969 年—1973 年"出生的男性以及"1959 年—1963 年"、"1979 年—1983 年"和"1984 年—1988 年"出生的女性中,具有"存钱"意识的比例超过了 50%,甚至排在高龄人群之前。而在刚刚参与 2008 年调查的"1989 年—1992 年"出生的世代中,"存钱"的意识也很强,男性中占到了 47%,女性占到了 46%。

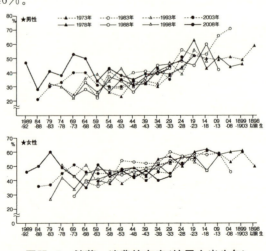

图Ⅵ-2　储蓄·消费的态度(按男女出生年)

如果从不同世代的角度对"存钱"的整体数据进行观察的话,

便不难发现 1983 年—1988 年泡沫经济期间,在"1909—1913 年"和"1944 年—1948 年"出生的男性中,"存钱"的意识大幅减少,而在其他大部分世代中,也出现了无意的减少现象。而女性方面,在"1949 年—1953 年"出生的世代中也出现了"存钱"意识的减少,此外,在 1948 年以前出生的所有世代中也都同样出现了无意的减少现象。因此,整体结果也由 47％下降到了 42％。

而最近五年间,男性方面几乎所有的世代间都出现了无意的增长,因此整体数据也得到了提高。女性方面,虽然刚刚加入到调查的人群中"存钱"意识达到 46％,和男性差不多高,但是在其他年龄层中变化比男性要小,因此整体数据并未出现改变。

五年间数据出现增长的,主要是"存钱"意识的增加,特别是大量出现在比女性比例要低的男性的意识之中。由此可见,男女间"存钱"意识的差距正在缩小。

2008 年,在"日本人的意识"进行调查的 6 月份,由于石油价格高涨,食品价格和航空价格都大幅上涨,消费者物价指数(除去生鲜食品的综合指数)比 2007 年同期相比高出 1.9％,迎来了高峰期。实质性的消费支出在 4 月—6 月期间,时隔 1 年零 3 个月的时间出现了比去年同期减少的现象,人们的消费欲望并不怎么旺盛。虽说处于经济稳步增长期,但是工资却从 2006 年 6 月开始一直处于与去年同期相比收入降低的状况之中。在最近 5 年间,存钱意识增加,主要是因为在这样困难的经济状况下,男性也表现出了对未来的不安,对于钱的使用也谨慎了起来。

在金融广告中央委员会进行的"家庭开支金融行动相关的舆论调查"中,进行了关于存款的调查,在 20 世纪 70 年代,也就是"日本人的意识"刚开始进行调查的时候,在人口为两人以上的家庭中,从不存钱的人大概为 5％,而从 2003 年开始,超过了 20％①。虽然说,在这次调查中,"存钱"的意识有所增长,但是在现实之中,即使想要存钱,却根本没有余钱可存的家庭并不少见。这样的现实似乎也对调查结果产生了或多或少的影响。

---

① 这里提到的"存钱"不包括工资等暂时性的存钱方式以及为工程·计划存款以及土地·住宅等实物财产——原书注。

Ⅵ-2 从四个方面对生活满足度进行调查—上升与经济状况无关

"安全舒适的生活"占80%

人们是否满足于日常的生活呢？调查分别从物质层面和精神层面以及个人生活和社会生活这四个方面对人们的满足度进行了研究。具体内容如下：对下列问题回答"感到满足"和"不满足"（第3问）。

1. 在衣食住方面过着相对富裕的物质生活。 　　　（衣食住）
2. 过着自信、安心，有价值的生活。 　　　　　（生活价值）
3. 居住环境方便、舒适、安全。 　　　　　　　（生活环境）
4. 在居住的地方和工作·学习的场所，有很多容易打交道的人。

（地区·职场的人际关系）

"衣食住"为个人·物质方面的满足感，"生活价值"为个人·精神方面的满足感。而"生活环境"为社会·物质方面的满足感，"地区·职场的人际关系"为社会·精神方面的满足感（图Ⅵ-3）。

图Ⅵ-4为选项"感到满足"的比例，也就是对具体某方面感到满足的数据。

图Ⅵ-3 "关于生活各侧面满足感"的构成

检定物质方面的满足感的在"生活环境"和"衣食住"方面。从上世纪70年代前半段—80年代前半段之间，感到满足的人大幅增加。从那以后，对于"生活环境"的满足感虽然数据显示一直维持不变，但在最近5年间又有所增长，达到了80%。而"衣食住"在1988年—1993年间有所增加。由此可见，物质方面的满足感与石油危机，平成萧条等经济因素之间的关联并不大，依然一点点地持续增长。

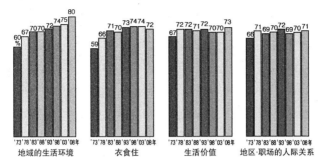

图Ⅵ-4 关于生活各侧面的满足感("我感满足",全体)

　　而如果对"生活价值"和"地区·职场的人际关系"等精神满足方面进行观察,便会发现"生活价值"从1973年的67％增长到1978年的72％之后,便没有太大变化,而最近5年又开始增长。细分到"地区·职场的人际关系"方面,1973年—1978年之间虽然有所增加,但是在之后的5年以及1993年—1998年之间反倒有所减少。

　　如果将满足感根据物质和精神层面进行比较的话,便会发现:① 20世纪70年代,精神方面的满足度要高于物质方面的满足度;② 20世纪80年代—20世纪90年代前半段,两者之间的满足感基本持平;③ 在20世纪90年代后半段—21世纪初,物质方面的满足感超过了精神方面。并且在最近一段时间,精神方面的两个选项呈现出同样的变化趋势,而物质方面的两个选项也呈现出相同的变化状况。但是最近五年,这种倾向却发生了改变,在物质方面的社会生活(生活环境)以及精神方面的个人生活(生活价值)的满足感都有所增加。

　　另外从性别角度对这四个方面进行比较的话,会发现女性的满足度要高于男性,并且从2003年开始,在"生活环境"方面,男性女性之间几乎不存在差距。

在年轻人中满足度有所增加

　　图Ⅵ-5将1973年和2008年这四个方面的数据,根据年龄层的不同进行了归类。不论哪一方面,年轻人的满足度都在增加。

　　首先是物质方面。"生活环境"的选项在1973年时,年轻人所占比例较低,而老年人中比例较高。但是,在这35年间,除去60岁年龄层后半段—70岁年龄层前半段这一年龄层外,在其他年龄层

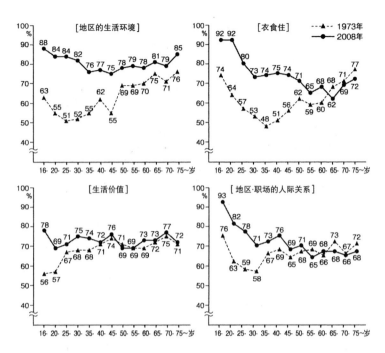

图 Ⅵ-5 关于生活各侧面的满足感("感到满足",按年龄层)

中都有所增加。特别是在年轻人中增幅较大,年龄层满足感之间几乎没有差距。

就像我们之前提及的那样,在最近 5 年间,国民整体的数据都在增加,这是因为在 30 岁年龄层前半段以及 50 岁年龄层和 60 岁年龄层的人群中,满足感都有所提升,此外几乎在所有其他年龄层中出现了无意义的细微增长,因此带动了整体数据的增长。

"衣食住"在 1973 年时,在 30 岁年龄层和 40 岁年龄层之中,感到满足的人并不多。但是在这 35 年间,在 54 岁以下所有年龄段中都出现了增长。在 2008 年的数据中,中年人和老年人之间几乎不存在差距。此外,在 20 岁年龄层前半段以下的年轻人中,满足度更是超过了 90%。

而另一方面,在 35 年间,精神方面满足感的变化要小于物质方面的变化。在"生活价值"方面,也仅有 25 岁年龄段之前的年轻人精神满足感有所提升。在近 5 年,数据增长的仅有 25 岁年龄段之前的年轻人以及 30 岁年龄层后半段和 40 岁年龄层前半段人群,国民整体数据因此略微增长。最近35年间，"地区·职场的人际关系"的满足感在35岁年龄段之前的年龄层中有所增长。因此，原本不同年龄层间的满足度并没有太大差距，只是在现在年轻人中满足度表现较高。

将各方面的满足感根据城市规模进行比较的话，便会发现35年中，物质方面的满足感在所有地区都有所增长。而在精神方面，关于"地区·职场的人际关系"的满足感，增长的仅仅是"特别地区和100万人口以上城市"、"30万人口以上城市"、"10万人口以上城市"，而在"生活价值"中满足感有所增长的为"特别地区和100万人口以上城市"、"30万人口以上城市"和"不满5万人口乡镇"的增长范围。

对四个方面都满足的人，在1973年时占到了整体比例的26％，平均每四人中就有一人。到1978年时，增加到34％。在1993年、2003年和2008年也都持续增加，2008年时达到了43％。

图Ⅵ-6将数据根据不同年龄段进行了分析。与35年前的数据相比，在55岁年龄段之前的广泛年龄层中，满足感都有所增加。原本满足度在高龄层中较高的选项，在1973年时20岁年龄层后半段—30岁年龄层后半段之中，所占比例较低，但是到了2008年，除去20岁年龄层及之前的年龄层，其他年龄

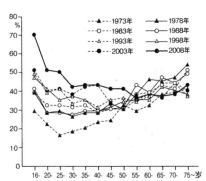

图Ⅵ-6　生活各侧面的满意度（4个侧面都答"感到满足"，按年龄层）

层间几乎没有差距。此外，满足感在年轻人中上升明显。在2008年时，尤其是在不到30岁的年龄层中，几乎每两个人就有一个人对物质·精神·社会生活·个人生活这四个方面全都感到满足。

Ⅵ-3 对于生活全体的满足感

不受时代影响的高水准

我们不仅对四个方面的满足感进行了调查,还对整体生活的满足度也进行了调查。题目为"对于现在的生活到底处于什么样的满足状态"(第4问),从以下选项中选出符合的选项(第4问)。

1. 满足于现在的生活。　　　　　　　　　　　　(满意)
2. 还算满意吧。　　　　　　　　　　　　　　　(比较满意)
3. 不是太满意。　　　　　　　　　　　　　　　(不太满意)
4. 不满意。　　　　　　　　　　　　　　　　　(不满意)

图Ⅵ-7显示了整体的数据结果。"比较满意"的选项不论在哪个时代都是最多的,维持在60%左右。在1973年—1978年间"满意"和"比较满意"的比例有所增加,"不太满意"和"不满意"有所减少。但在那之后,"满意"仅仅在1978年—1983年以及最近5年间有所增加。在1973年时,"满意"和"比较满意"的总和为78%,1978年之后也维持在85%以上,由此可见,人们对于生活的满意度并不受到时代的影响,始终保持着很高的比例。

图Ⅵ-8将1973年—2008年间感到强烈满足感的人(回答"满意")根据性别进行了分类分析。首先,在1973年,不论男女,越是高龄人群满意度越高,而除去50岁年龄层后半段的男性外,在所有年龄层中,女性的满意度都超越男性。到了2008年,与35年前相比,在男性中截至30岁年龄层的年轻人中,满意度有所增加,而在女性方面,在50岁年龄层前半段和60岁年龄层后半段以及75岁以上人群中出现了减少。因此,不论男女,年龄层间的差距正逐渐缩小。

此外就整体数据来看,感到"满意"的人持续保持增长,与学历无关,除了在"10万人口以上的城市"方面影响不大以外,在其他城市都有所增加。职业方面,在以前满意度较低的商务·服务、技能熟练工、事务·技术、学徒·学生中有所增长,并且在原本满意度就很高的家庭主妇里也能看见增长的现象。反倒是在35年前满

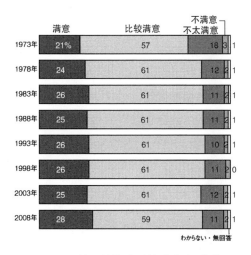

図Ⅵ-7 关于整体生活的满意度（全体）

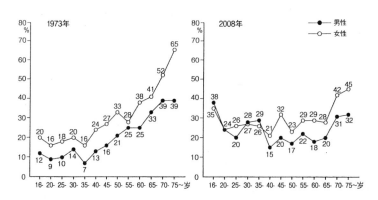

图Ⅵ-8 关于整体生活的满意度《满意》（按男女年龄层）

意度最高的无职业者中，从1978年满意度达到最高点后，便一直在走下坡路。

　　无论是对于生活的各个方面，还是提及整个生活的总体状况，在这35年间满足感都是不断提高着的，石油危机和平成萧条似乎并未对其产生直接影响。虽然并不清楚满意度到底受到哪些方面的影响，但是似乎并不会因为某些固定条件的改变而改变。也就是说，人们在综合了自己的现状、社会、他人以及自己的过去之后，在现有的条件下，对自己能够感到满意的基准进行调整，然后得出符合自身情况的满意度。

Ⅵ-4 生活充实的手段——一如既往地重视"健康"

"健康的体魄"占据压倒性

人们对于充实的生活抱有怎样的想法呢？在调查中对以下五个选项进行了排序（第7问）。

1. 充实的兴趣
2. 有价值的工作和活动
3. 经济能力 　　　　　　　　　　　　　　　（工作・活动）
4. 和睦的人际关系
5. 健康的体魄

在这 35 年间，调查问题答案的分布比例以及顺序都没有出现太大的变化。在表Ⅵ-2 中，1973 年和 2008 年的结果显示，第一位的比例仍然占据着压倒性的优势。不论在什么时代，"健康的体魄"这个选项都是压倒性的头号选择。虽然说从 35 年间的变化来看有所减少，但是仍然占到了 74％的比例。而其他的选项即便被选为第一位，比例也没能超过 10％。最近，"经济能力"、"和睦的人际关系"、"充实的兴趣"也呈现出被选作第一的倾向。而另一方面，"工作・活动"被优先选择的比例有所减少。作为长期的倾向，如与日常生活有直接关联的事务相比，娱乐性方面似乎正逐渐受到大家的重视。

表Ⅵ-2　生活充实手段（全体，2008 年，按第 1 位的多数排序）

		1 位	2 位	3 位	4 位	5 位
身体健康	1973 年	78％	12	5	2	1
		∨		∧	∧	∧
	2008 年	74	13	7	3	2

现代日本人的意识解读

		1 位	2 位	3 位	4 位	5 位
经济能力	1973 年	7	35	26	17	12
		∧	∨			∧
	2008 年	9	33	24	17	14
工作·活动	1973 年	9	27	29	20	12
		∨	∨	∨	∧	∧
	2008 年	6	22	24	22	22
和睦相处	1973 年	4	19	26	33	15
		∧	∧		∨	
	2008 年	5	21	27	28	16
丰富的兴趣	1973 年	1	5	11	23	56
		∧	∧	∧	∧	∨
	2008 年	4	9	16	26	42

＊数字之间的不等号，是比较上下数字的检定结果（可信度 95％），上高用∨表示，下高用∧表示。

年轻人从重视"工作"转向重视"人际关系"

表Ⅵ-3 为选项前三位的总和进行了比较，而图Ⅵ-9 按性别及年龄层对数据进行了分析。

表Ⅵ-3　充实生活的手段（第 1 位＋第 2 位＋第 3 位，全体，2008 年，按多排序）

	1973 年	1978 年	1983 年	1988 年	1993 年	1998 年	2003 年	2008 年
健康身体	96％	95	96	94	94	94	94	94
经济力	68	66	65	65	65	65	68	66
和睦相处	48	49	50	49	50	51	49	53
工作·活动	65	65	65	61	59	55	56	52
趣味	17	20	20	26	28	31	30	29

如果将前三位综合比较的结果与整体结果相比，便会发现其实并没有太大的区别。与 35 年前相比，"和睦的人际关系"、"充实的兴趣爱好"有所增加，"经济能力"未出现变化，"健康的体魄"和"工作·活动"有所减少。

接下来分别对男女年龄层进行观察。"和睦的人际关系"在年轻男性中，由 43％增长到了 62％，而在年轻女性中由 52％提高到了 72％。在高龄层中，男女数据都出现了降低。到了最近五年，虽然在

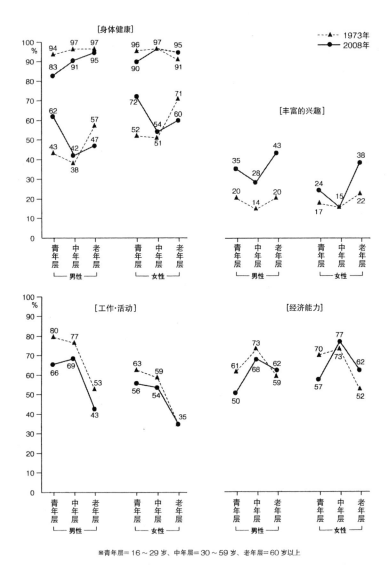

※青年层＝16～29 岁、中年层＝30～59 岁、老年层＝60 岁以上

图Ⅵ-9　充实生活的手段（1 位＋2 位＋3 位，按男女年龄层分 3 类）

中年层中比例有所增加，但是与青年层和高龄层相比变化很轻微。

　　而在"充实的兴趣爱好"方面，除中年女性以外，其他年龄层与 35 年前相比都有所增长。此外，在中年人中认为比较重要但比例较少的还有"和睦的人际关系"。

　　对"工作·活动"选项，所有男性年龄层在 35 年间都出现了减少的现象。并且不论男女,高龄层中认为此项重要的比例都较低,而在这一比例中男性总要高于女性。

"经济能力"在年轻男性中由 61％减少到 50％,在年轻女性中更由 70％减少到 57％,不仅在青年人中出现减少的现象,而且在男性中年层中也出现了减少的现象。而与此相对的是,在中年女性以及高龄女性中认为此项重要的比例也有所增加,到 2008 年时,认为"经济能力"重要的比例在中年女性中最多,达到 77％。

虽然说为了度过充实的生活,"健康的体魄"虽然必不可少,但是如果将目光转向其他方面便会发现,像"和睦的人际关系"、"充实的兴趣爱好"等这些与休闲相关的方面正以年轻人为中心,越来越受到人们的重视。

Ⅵ-5　不可缺少的交流行动

"电视"维持在 80％以上,"报纸"有所减少

交流活动是日常生活中重要的因素。在调查中,对电视、新闻报纸等合计 11 种媒体,不管是否使用,依旧还认为是不可或缺的媒体选项进行了调查(第 1 问)。这项调查是从第 3 次调查时(1983 年)加入的新问题,而在第 7 次调查时(2003 年),加入了"手机"、"互联网"的选项。25 年间的变化特征如下(图Ⅵ-10)。

• 作为不可或缺的媒体,无论在哪个时代,"看电视"的选项总在 80％以上,是最多的选项。接下来是"与家人聊天"、"阅读报纸"、"与朋友聊天",这几项的比例总在 60％—80％之间徘徊。

• "看书"、"收听广播"、"听 CD、磁带"的比例在 20％—30％之间。

• "看电视"、"与家人聊天"、"与朋友聊天"、"读书"几乎没有变化。

• 在 25 年间有所增长的比例为"看漫画"、"听 CD、磁带",而"阅读报纸"、"收听广播"则出现了减少。特别是最近"阅读报纸"的比例下降非常明显。在 1983 年时,"阅读报纸"的比例占到了 81％,"看电视"为 84％,两者之间几乎不存在差距。之后,从 1988 年—1993 年以及最近 5 年间"阅读报纸"明显减少,下降到了 67％,

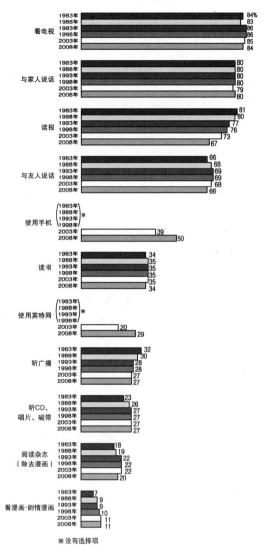

看电视
1983年 84%
1988年 83
1993年 86
1998年 86
2003年 85
2008年 84

与家人说话
1983年 80
1988年 80
1993年 80
1998年 80
2003年 79
2008年 80

读报
1983年 81
1988年 80
1993年 77
1998年 76
2003年 73
2008年 67

与友人说话
1983年 66
1988年 68
1993年 69
1998年 69
2003年 68
2008年 66

使用手机
（1983年
1988年 ※
1993年
1998年）
2003年 39
2008年 50

读书
1983年 34
1988年 35
1993年 35
1998年 35
2003年 35
2008年 34

使用英特网
（1983年
1988年 ※
1993年
1998年）
2003年 20
2008年 29

听广播
1983年 32
1988年 30
1993年 28
1998年 27
2003年 27
2008年 27

听CD、
唱片、磁带
1983年 23
1988年 26
1993年 27
1998年 27
2003年 27
2008年 27

阅读杂志
（除去漫画）
1983年 18
1988年 19
1993年 22
1998年 22
2003年 22
2008年 20

看漫画·剧情漫画
1983年 7
1988年 9
1993年 9
1998年 10
2003年 11
2008年 11

※ 没有选择项

图Ⅵ-10　不可缺少的交流活动（"不可少"，多数回答，全体，2008 年按多排序）

甚至不到 70％。另一方面，"看电视"仍然是 84％，并没有出现变化，两者间的差距逐渐拉大。

　　图Ⅵ-11 将处于增加状态的"看漫画"、"听 CD、磁带"通过年龄层进行了分析。"听 CD、磁带"在年轻人中比例较高，在其他年龄层中急速下降。不论什么时代,"听CD、磁带"都集中在特定的年龄层中。

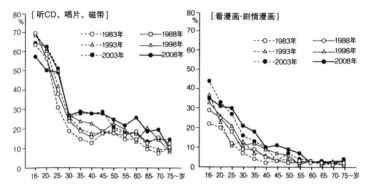

图Ⅵ-11　不可缺少的交流活动(回答"不可少",按年龄层)

　　另一方面,在认为"看漫画"不可或缺的人中,并没有显现出像"听CD、磁带"的人群那样,只在年轻人中表现较高比例的极端现象。过去25年间从年轻人到50岁年龄层的人群中"看漫画"的比例都出现了增长。

　　图Ⅵ-12将"阅读报纸"、"收听广播"这两项比例有所减少的选项根据出生年代进行了比较。由于各条数据线相互重合,由此可归纳得出不同年出生的人群对于认为"阅读报纸"和"收听广播"是比较重要的这一观念是相对固定不变的。认为"阅读报纸"是不可或缺的人群中,于"1934年—1948年"出生的人群占有的比例最高,认为"收听广播"是不可或缺的人群中,于"1934年—1943年"出生的人群占有的比例也较高。并且越是年轻的世代,占据的比例越低。

　　最近5年里,"阅读报纸"受到时代的影响,在"1964年—1968年"、"1944年—1948年"、"1929年—1933年"出生的世代中有所减少,而在其他世代中,除去1979年以后出生的年轻人,都出现了无意义的减少,因此造成总体数据的减少。

手机和互联网急速增长

　　从第7次调查开始,新加入的"手机"、"互联网"的选项,在最近5年里前者由39％增加到50％,后者由20％增加到29％,接近10％的增长。对比每5年的数据,在第1问中变化超过5％的只有

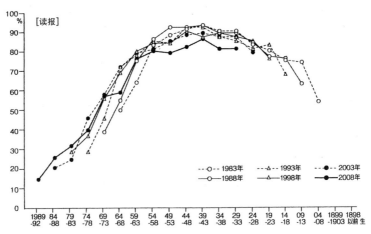

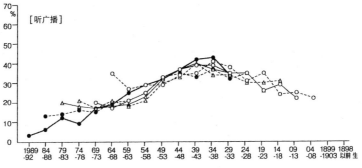

图Ⅵ-12　不可缺少的交流活动（回答"不可少"，按出生年）

"阅读报纸"选项减少了 6％（2003 年—2008 年）。而"手机"、"互联网"比例的急速增长让人感到了这两者对于生活的重要性正在迅速扩大。

　　根据《信息通信白皮书（平成二十一年版）》，2003 年时，手机用户为 8152 万人，而到了 2008 年时，超过 1 亿，为 1 亿 749 万人。而在"互联网"的使用方面，对过去一年中至少使用过一次互联网的人数比例进行了调查。在 1999 年时，这一数字为 2706 万人（21.4％），在之后的 2000 年为 4708 万人（37.1％），在 2008 年时达到 9091 万人将近人口的 75.3％。图Ⅵ-13 对于"手机的使用"和"互联网的使用"根据不同性别以及不同年龄层进行了分析。

　　关于"手机的使用"方面，男女间几乎不存在区别。在 16 岁—20 岁年龄段的人群中，认为"不可或缺"的比例最高，超过了 70％。

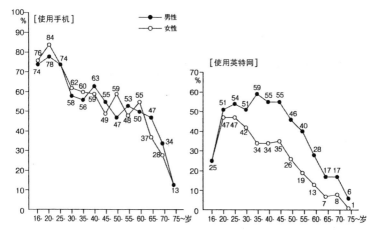

图Ⅵ-13　不可缺少的交流活动（回答"不可少"，按男女，2008 年）

与此相反在 60 岁以上的人群中减少明显，在 75 岁人群中只有 13％。职业方面，自营业者、贩卖·服务行业、技能工·熟练工、事务·技术人员、经营者·管理层、学生的各自持有率均超过整体比例，而在主妇和无职业者中比例较低。

在"使用互联网"方面，男性女性在意识方面存在差异。在 10 岁年龄层的年轻人中，男女都达到 25％，没有差异。男性在 20 岁年龄层—40 岁年龄层之间比例最高，超过 50％，到了 50 岁以上的年龄层里逐渐减少。而女性中认为"互联网"不可缺少的人没有男性多，即使在比例最高的 20 岁年龄层中也不到 50％，只有 47％。特别是在 30 岁年龄层后半段—50 岁年龄层之间，男女间的差距拉开到了 20％以上，与"手机的使用"数据呈现出完全不同的情况。在职业方面，贩卖·服务行业、事务·技术职业、经营·管理者、学生中所占比例较高，主妇和无职业者中比例较低。

Ⅶ　生活方式·生活目标

Ⅶ-1　逆转效率·情绪—结合关系的继续

工作方面注重人品 旅行注重计划

为了调查近代的价值观是"效率"更受到人们的重视还是传统价值中的"情感"更受到人们的重视，我们设定了 3 个场景，即"工作对象"、"旅行方法"、"地方聚会的进行方式"，让答题者选择最希望的选项。

"工作对象"（第 16 问）

1. 虽然较难打交道，但是效率很高　　　　　　　　（效率）

2. 虽然能力不行，但是人很好　　　　　　　　　　（情感）

"旅游方式"（第 23 问）

1. 为了能够最大限度地享受旅行，精心策划准备　　（效率）

2. 根据心情随心所欲地旅行　　　　　　　　　　　（情感）

"地方集会的进行方式"（第 32 问）

1. 虽然会耽误一些时间，但是为了让集会的氛围融洽，会加入一些闲话　　　　　　　　　　　　　　　　　　　　　（情感）

2. 不多说废话，高效出色的整理大家的意见 （效率）

这几个场景与稍后将作介绍的见田宗介的价值观类型形成对应。在职场"效率"最受到重视，自己的欲望属于长期满足类型，也就是说在"工作"场所，"利益"排在第一位。而"旅行"更重视的是自我的快乐，更要求的是随时满足自己的欲望，因此"旅游"追求的是"快乐"。而"地区集会"并不像职场那样追求效率，而是侧重长期地满足社会需求，因此要求的是"准确"。

根据最近的调查结果，近5年里，这3方面没有发生变化。

首先对"工作对象"进行观察（图Ⅶ-1），想与"虽然较难打交道，但是效率很高"的人一起工作的人群，无论在什么时代都是少数派。而想和"虽然能力不行，但是人很好"的工作伙伴一起工作的人群则占了压倒性的比例。如果仔细观察便会发现"情感"志向的人在1973年—1978年之间出现了略微增长，在1989年—2003年之间减少，而在2008年时则与35年以前基本一致。而注重"效率"的人在1998年—2003年之间虽然增加了4％，但是和35年前相比几乎没有变化。

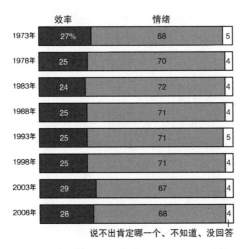

图Ⅶ-1　注重效率·情感（"工作对象"）（**全体**）

"效率"和"情感"的选项之所以和35年前没有变化，主要是因为对于"工作对象"的想法在各年龄层中基本固定，并且理论上没有受到时代的影响。

图Ⅶ-2将从1973年开始每10年的数据和2008年的数据根据男女性别进行了比较。虽然各数据线有所偏差,但是从每10年的变化情况来看,仅在1973年开始30岁年龄层后半段的女性以及1983年开始10岁年龄层的男性中出现了变化。此外,从1993年开始,女性在30岁年龄层前半段—40岁年龄层前半段,50岁年龄层后半段—60岁年龄层前半段的人群中发生了变化,而男性仅在30岁年龄层后半段的人群中出现变化。在最近5年中,男性只在35岁后年龄段,女性在45岁后年龄段有所变化。

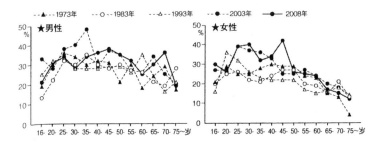

图Ⅶ-2　注重效率・情感("工作对象")(全体)(按男女年龄层)

与35年前相比,男性仅在50岁年龄层前半段有所增长,而女性在20岁年龄层后半段和30岁年龄层前半段,40岁年龄层后半段中有所增长。而且不论男女,没有出现减少的年龄层。

根据数据得知,对于工作对象的想法,基本上根据年龄层的不同认知而相对比较固定。

另外,根据不同的职业,有的年龄层每五年就变化一次。但是与35年前的数据相比,却基本上没有改变。另外,在所有数据组中,"情感"志向型总要多过"效率"志向型。而且"事务・技术类"志向型从1973年开始,"经营・管理者"志向型从1978年开始,选择"效率"的比例要超过"效率"在全体中的平均值(图Ⅶ-3)。

接下来是关于"旅游方式"的调查(图Ⅶ-4),数据显示"旅游方式"和"工作对象"相同,变化并不多。而且虽然是追求自我快乐的方式,但是在这35年间选择"效率"的人很多。选择"为了能够最大限度地享受旅行,精心策划准备"的人在任何一个时代都要远多于选择"根据心情随心所欲的旅行"的人。

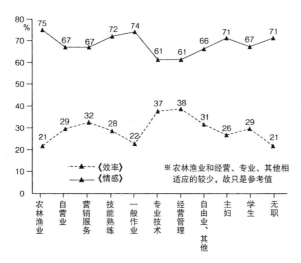

图Ⅶ-3　注重效率·情感("工作对手",2008年,按职业)

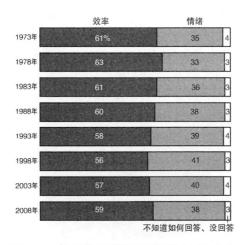

图Ⅶ-4　注重效率、情感("旅行的方式",全体)

　　如果仔细观察变化的细节部分,便会发现具体在1973年—1978年之间比例有所增加,而在1978年—1983年之间有所减少,并在这之后没有出现变化,与35年前相比基本同样。另一方面,选择"情感"志向的人在1978年—1983年间以及1993年—1998年之间有所增加,在35年间整体比例略微有所增长。

　　图Ⅶ-5为35年间男性女性不同年龄层间的变化状况,从图中不难发现，男女中出现比例减少的年龄层都是在 1973 年刚开始进行调查时所占比例较高的年龄层以及在男性 40 岁年龄层后半段和 60 岁年龄层前半段，女性 30 岁年龄层后半段和 40 岁年龄层后半段中出现了减少。因此，在 2008 年时各年龄层之间的差距逐渐消失。

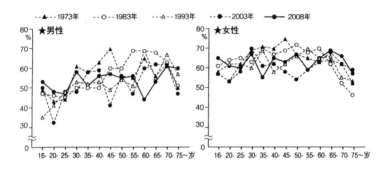

图Ⅶ-5　注重效率·情感（"旅行的方式"，按男女年龄层）

　　此外，在 1973 年时"效率"优先的比例为男性 56％，女性 65％。到了 2008 年时为男性 54％，女性 63％。无论在哪个时代，在"效率"优先的比例方面，女性总要高于男性。原本应该追求"情感"的旅游之所以出现"效率"优先的情况，主要是由于女性引导的。

　　"地方聚会的进行方式"的变化要远远大于其他两项，并且多次出现逆转的情况（图Ⅶ-6）。

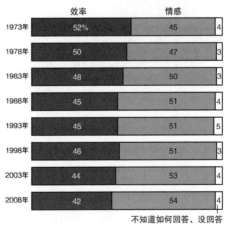

图Ⅶ-6　注重效率、情感（地方聚令）（全体）

　　由于在 1978 年—1983 年之间"情感"优先的比例出现了增

加，并且紧接其后的 5 年里"效率"出现了减少，于是在 1988 年时"情感"与"效率"两者出现了逆转，"情感"优先成为了首选。而在那之后，"效率"再次出现减少，在 35 年间减少了 10％，而与此相对的是"情感"优先增加了 9％。

因此，在 2008 年时选择"不多说废话，高效出色的整理大家的意见"的比例比"虽然会耽误一些时间，但是为了让集会的氛围融洽，会加入一些闲话"的比例多出了 12％。

图Ⅶ-7 针对男性女性中不同的年龄层以 10 年为单位进行了观察。在男性之中，仅仅是从 1973 年开始，30 岁年龄层后半段的人群中，出现了"情感"优先的比例增加，"效率"优先的比例减少的现象。而在女性当中，也是从 1973 年开始在 30 岁年龄层后半段的人群中选择"情感"优先的人有所增加，从 1983 年开始，40 岁年龄层后半段的女性中，"效率"优先的比例减少。但是，从 35 年间的数据来看，在男性当中，"情感"优先的比例在 20 岁年龄层后半段—40 岁年龄层前半段以及 75 岁年龄段中有所增长；而在女性方面于 10 岁年龄层和 30 岁年龄层前半段中出现增长。在其他年龄层中也出现了无意义的增长，因此带来了总体数据的增长。

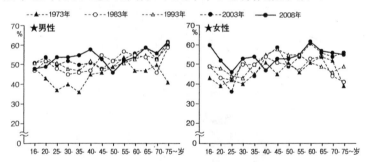

图Ⅶ-7 注重效率·情感（"地区聚会"，按男女年龄层）

如数据显示的那样，从国民全体的角度观察 35 年间的数据会发现，"工作对象"没有发生明显变化，而在"旅行方式"和"地方集会的进行方式"方面，"情感"的比例有所增加。虽然有这样的变化，但是在最追求效率与合理性的职场，"情感"优先的比例较高，而在追求自我满足价值的旅游方面，效率优先后来居上，逆转了情感优先。

而且这样的数据关系与年龄、职业、学历无关，其意识已深入渗透到了日本人的生活当中。

由于没有 1973 年前的数据，所以我们不能妄下定论，但是在日本人的意识中确实有着情感优先的一面。有一种观点认为，随着明治维新以及现代化的完成，几乎所有人都开始追求合理、高效，而"情感"优先作为新的价值观，比例有所提高，比如说在"旅行方式"方面，1973 年时，"情感"优先的人达到 35％。但是，似乎还有比这更合理的说法：虽然日本已经完成现代化，但是情感优先的国民性仍然深刻地影响着日本人的思想。

不同场合下的不同想法

在这三种假定的场合中，"效率"优先的比例之所以不同，是因为不同的人对于不同场合优先选择的价值观不同。

图Ⅶ-8 将三种场合下各个选项进行归类，最左端为三个场合都选择"效率"的人所占比例（效效效），在其右边的是"工作对象"和"旅行方式"选择"效率"，"地方聚会的进行方式"选择"情感"的比例（效效情）。

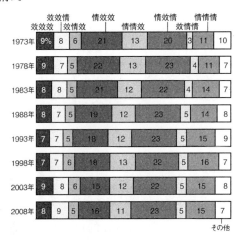

图Ⅶ-8 注重效率·情感的模式（全体）

如图所示，无论在哪个时代，全部选择"效率"优先的人都不到10％，与之相对的是选择"情情情"的人在 1973 年时只有 11％，但是在 2008 年时增加到了 15％。而且从 2008 年的结果来看，比例最高的在"旅游方式"上选择"效率"优先，其他两项选择"情感"的数据(情效情),也仅仅只有 23％而已。

也就是说,大部分人会在不同的场合下选择不同的价值观,因此采取的行动也不同。

Ⅶ-2　人际关系—随场景的变化而变化

与亲戚亲密交往首次出现增加

从 19 世纪 50 年代中期开始,随着经济高度增长期的到来,人口出现了大规模的流动,其结果便是人口过密和过疏的问题以及新兴住宅和密集住宅的增加,居住环境发生了巨大的变化。在此之中,希望密切交往的人有所减少,而希望略微有所交往即可的比例出现增加。

在这次调查中,关于人际关系设定了四个场合,针对每个问题分别从三个选型中选出合适的选项,常年具有可比性的为以下三个问题。

"与亲戚的交往"(第 9 问)

1. 维持表面上的交往　　　　　　　　　　(形式交往)
2. 略微有所交往,能够轻松来往　　　　　(部分交往)
3. 相互排忧解难,互相帮助　　　　　　　(全面交往)

"与职场同事的交往"(第 17 问)

1. 与工作有关的交往　　　　　　　　　　(形式交往)
2. 工作结束后也会一起聊天、活动　　　　(部分交往)
3. 相互排忧解难,互相帮助　　　　　　　(全面交往)

"与邻居的交往"(第 31 问)
1. 见面时打招呼　　　　　　　　　　　　(形式交往)
2. 能够说上话的程度　　　　　　　　　　(部分交往)
3. 相互排忧解难,互相帮助　　　　　　　(全面交往)

1973 年到 2003 年之间，数据并没有出现明显变化，但是在最近 5 年却发生了明显的变化（图Ⅶ-9）。

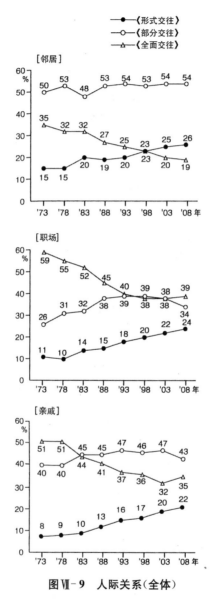

图Ⅶ-9　人际关系（全体）

在与邻居的关系方面，最近 5 年没有变化。在对 35 年间的数据进行观察后便会发现，在 1973 年调查时，希望"部分交往"的人正好占到一半,虽然在之后的 35 年间有所变化,到 2008 年时,增长了 4%,但现在仍然是最多的选项。而另一方面,希望"形式交往"的人一直在增加,而希望"全面交往"的人有所减少,到了 1990 年代后半段,二者基本持平,而现在希望"全面交往"的比例最少。

在职场方面,最近 5 年间希望"形式交往"的比例再次出现增长,希望"全面交往"的比例则没有出现变化,希望"部分交往"的比例首次出现了减少。但是在过往 35 年间的调查中,到 20 世纪 90 年代前半段为止,希望"全面交往"的比例一直处于减少的状态。希望"部分交往"的人数则增加了不少,因此在 1993 年调查时,两者基本持平。并且这样的状态一直保持到了 2003 年。在此之后,希望"部分交往"的人又再次减少,而希望"全面交往"的人又再次增加,因此在 2008 年时,希望"全面交往"的比例再次占据了第一位。另一方面,虽然希望"形式交往"的比例有所增加,但是仍然是比例最低的选项。

最后让我们了解一下与亲戚的交往情况。在 70 年代时,希望"全面交往"比例超过半数,为被选择最多的选项。进入 80 年代后持续减少,到 1988 年时,甚至比希望"部分交往"的比例还要低,在此之后一直处于减少的状态。另一方面,虽然希望"部分交往"的比例逐渐增加,但是在最近 5 年间希望"部分交往"的比例首次出现降低,而希望"全面交往"的比首次出现增长。在这 35 年间,"全面交往"减少了 16%,而"形式交往"增加了 14%,"部分交往"则增加了 3%。

最近 5 年间,每个选项数据的变化方向都有所不同,但希望保持紧密联系的比例,随着职场、亲戚、邻居的比例逐渐降低,这样的顺序在 35 年间没有发生变化。在要求机能化·合理化的职场,情绪化被持续重视,在人际关系方面,与能效-情绪志向相同,出现了逆转的关系。

不同世代间的人际关系

对于人际关系的想法,不同世代间的想法相对固定。通过对这 3 个问题中变化最大的"全面交往"进行分析,了解一下不同世代间的想法及变化情况。

首先对邻居之间的关系进行观察(图 VII-10)。各条数据线的

形状基本相同,并且呈现出平行移动的状态。希望"全面交往"的
比例随着出生年龄段的不同基本固定不变,而且各世代间受到时
代的影响也基本相同。因此希望"全面交往"的比例呈现出减少的
状态。另一方面,"部分交往"和"形式交往"的数据也呈现出相同
的状态,由此可见与邻居的关系根据出生年的不同,各年龄段间的
想法也相对固定。

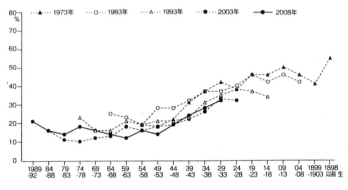

图Ⅶ-10　人际关系("邻居","全面交往")(按出生年)

　　因此在 35 年间,希望"全面交往"的比例由 35％减少到 19％。
这主要是因为支持率高的高龄世代逐渐去世,支持率低的年轻世
代加入到调查中造成的。世代更替对人们的思想产生了较大的
影响。

　　如果仔细观察,可以将变化结果分为三个组,第一组为明治以
及大正年间出生的人群(1923 年以前出生的人群)。第二组为昭和
前半段及到停战为止的世代(1924 年—1943 年间出生的人群)。
第三组为战后出生的人群(1944 年以后出生的人群)。在希望"全
面交往"的比例方面,第一组各年龄段的比例基本相同,第三组各
年龄段的比例也基本相同。在这一点上两组表现出了相同的状
态。但是在具体数据方面,第三组(战后出生)的比例只有第一组
(明治·大正出生)的一半。

　　而在第二组(昭和前半段出生的人群)中,越是年龄大的人越
希望"全面交往"。

　　在职场同事关系方面,也出现了与邻居间关系相似的特征(图
Ⅶ-11)。但是,各条数据线间的间隔比邻居间所表现出的距离更

大,也就是说各世代间受到时代的影响更大,因此由59％减少到了39％,足足减少了20％。

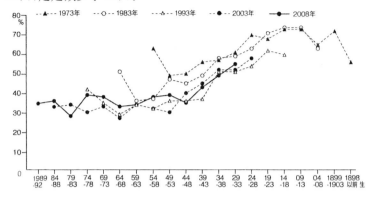

图Ⅶ-11 人际关系("职场","全面交往")(按出生年)

而在就职人数较少的10岁年龄层(各条数据线的左端)中,希望"全面交往"的比例要比高龄者(各数据线右端)还要高,这一特征一直维持到了90年代前半段,在此之后,这一年龄层上的特征便逐渐消失。

另外如果对亲戚间的关系进行观察,便会发现在35年前越是年纪大的人群中,希望"全面交往"的比例就越高,而越是年轻人,这种思想就越淡薄(图Ⅶ-12)。在那之后,以高龄段为中心,希望"全面交往"的比例在多个年龄层中广泛减少。每次调查时都出现下降的现象。由于时代的影响外加世代交替的影响,希望"全面交往"的比例自然下降不断。

到了2008年,世代间几乎不存在差距。也就是说,出生年产生的世代间的特征逐渐消失,而年龄、生活方式、经济、社会等因素容易对人们的选择造成影响。

通过家庭经济研究所的·与消费生活有关的调查①·发现,25岁—35岁的家庭主妇与10年前(1998年)相比"只从丈夫的父母处

———————

① 《关于消费生活的问卷调查》——在全国范围内以24岁至34岁之间的1 500位女性为对象,从1993年开始,每年都进行调查。由于有连续对同一人进行调查,所以随着调查次数的增加,答题者也不断减少,因此进行了3次人数补充,合计增加了1 972人,2008年时从24岁至49岁的2 277名女性处回收了问卷——原书注。

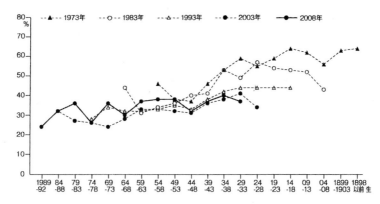

图Ⅶ-12　人际关系("亲戚","全面交往")(按出生年)

得到生活补助的家庭逐渐减少(由 14.4％下降到 9.2％),而从女方
父母得到生活补助的家庭逐渐增多(由 6.1％增加到10.4％)。此
外,从双方父母家得到生活援助的家庭也有所增加(由2.8％增加
到 5.0％)"。

　　将《日本人的意识调查》的结果以每 5 年为一个单位进行调
查,便会发现在最近 5 年间,希望"全面交往"比例有所增长的年龄
段只有"69 岁—73 岁"的年龄段(2008 年时在 19 世纪 30 年代后半
段出生的人群)。但是在 2008 年调查时,处于 25 岁—39 岁年龄段
的人群,在最近 5 年间由 26％增长到了 32％,而其他年龄段并未出
现变化。由于年龄不同,并不能轻易下定论,但是由于对女方家长
的经济方面存在依赖,因此这可能是希望与亲戚保持全面联系的
人有所增加的原因。

　　多种多样的对待方式

　　就像之前分析的那样,2008 年的调查结果中,希望保持亲密关
系的比例为:职场 39％,亲戚 35％,邻居 19％,根据不同的关系区
分对待。根据对象的不同,希望保持的亲密程度也有所不同。

　　比如说,对于这三种关系都希望保持同样亲密关系的比例为,
"全面交往"由 18％(1973 年)减少到 7％(2008 年);"部分交往"由
9％(1973 年)增加到 11％(2008 年);"形式交往"由 1％(1973 年)
增加到 5％(2008 年),合计由 28％(1973 年)减少到 23％(2008
年),而剩下的超过 70％的人在对待不同关系时会采取不同的

方式。

Ⅶ-3 生活目标对于周围人际关系的注重更上一层楼

与周围人和睦相处

在日常生活中,人们往往不会刻意地去注意生活目的以及生活目标。但是作为一个人,不能在没有目标的情况下生活。

对《日本人的意识调查》企划起主导作用的见田宗介先生对于人的价值观进行了如下定义(《价值意识的理论》,弘文堂,1966年)。即对于价值判断最基本的条件为,一,以现在还是未来为中心的时间角度;二,以自己还是他人为中心的社会角度;以这两个视角为轴,可以描绘出如图Ⅶ-13的数据图。

图Ⅶ-13 价值类型(根据《价值意识的理论》)第32页内容制成

		社会的一般观点		
		<自己>本位	<社会>本位	
时间上的展望	<现在>中心	快乐	爱心	美(感性、鉴赏)
	<未来>中心	利益	正直	真(理性、认识)
		幸福	善良	传统价值类型

下面与这四种价值观对应进行了调查(第6问)。

1. 快乐度过每一天　　　　　　　"快乐志向"
2. 切实制定计划,过充裕的生活　　"利益志向"
3. 与身边人和睦相处　　　　　　"友爱志向"
4. 与大家齐心协力改造社会　　　"改造志向"

如果观察国民整体的结果便会发现(图Ⅶ-14),在35年前的1973年,"长期满足自己的欲望"(利益志向)和"立即满足别人或社会的需求"(友爱志向)并列第一。在之后的5年中"友爱志向"逐年增长,而"利益志向"有所减少。并且今年也延续这一态势,"友爱志向"的支持率更高了。

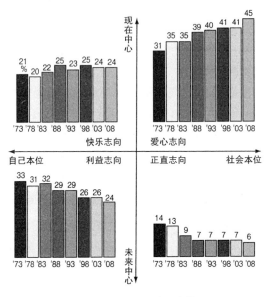

图Ⅶ-14 生活目标(全体)

另一方面,"随时满足自己欲望"(快乐志向)的想法增多,到1998年以后,"快乐志向"和"利益志向"几乎持平。而"长期满足他人及社会"(改造志向)的想法选择率最低,在1980年前后再次出现调查比例降低,目前只有6％的支持率。

接下来对男性女性各个年龄层排名首位的选项进行观察(表Ⅶ-1,只表示支持率最高的选项)。在男性方面,1973年时,25岁年龄段以前的年轻人和60岁以上年龄段中,选择"友爱志向"和"快乐志向"的人比较多,而20岁年龄层后半段至50岁年龄段前半段的人群中,"利益志向"的比例最高。此外,在1970年,55岁至69岁年龄段之间"改造志向"的位列第一。在那之后,各年龄层中"友爱志向"都有所增加,到2008年时,除去"快乐志向"支持率最高的20岁年龄层前半段以及65岁以上的年龄层外,在其他年龄层中"友爱志向"都是支持率最高的。

表Ⅶ-1 生活目标（按男女年龄层）

男性	16—	20—	25—	30—	35—	40—	45—	50—	55—	60—	65—	70—	75—
1973年	爱	乐	利					利	正	爱	爱/正	乐/爱	爱
1978年	乐	爱	利						利	正	正	乐	爱
1983年	乐	爱	利	爱	利			利	利	乐	爱	乐	乐
1988年	乐/爱	爱	爱	利	爱	爱	利	利	爱	爱	爱/乐	乐	乐
1993年	乐	爱	利	爱	利	爱	爱	利	爱	乐	爱	爱	乐
1998年	爱/乐	乐	爱	利	爱	利/爱					爱	乐	乐
2003年	乐	乐	爱	利	爱	爱	爱	爱	利	利	爱	乐	爱
2008年	爱	乐	爱		爱	爱	爱	爱	利	爱	乐	爱	乐

女性	16—	20—	25—	30—	35—	40—	45—	50—	55—	60—	65—	70—	75—
1973年	爱	爱	利	爱	利		利	爱				爱	乐
1978年	爱	爱	利		利		利	爱			爱	爱/乐	爱

女性	16—	20—	25—	30—	35—	40—	45—	50—	55—	60—	65—	70—	75—
1983年	爱				爱	利		利	爱				爱
1988年	乐	爱				爱	利	利	爱		爱	乐	乐
1993年	爱	爱	利	爱		爱	利	爱			爱		爱
1998年	乐	爱	爱										爱
2003年	乐/爱	利										爱	爱
2008年	乐	爱											爱/乐

现代日本人的意识解读

在女性方面,在 35 年前,20 岁年龄层前半段至 40 岁年龄层中"利益志向"的比例最高,在 75 岁以上的年龄层中"快乐志向"比例最高。之后与男性相同,"友爱志向"的比例增加。到 2008 年时除去所占比例最高的"快乐志向"的 10 岁年龄层,在其他年龄层中"友爱志向"都占据首位。在 75 岁以上的年龄段中"快乐志向"的比例也很高。

也就是说,女性截至上世纪 90 年代前半段,男性截至 21 世纪初,随着生活状态(工作-结婚生子-子女自立-退休)的改变,生活目标也不断改变。但是现在,即使生活状态有所改变,生活目标改变的人也并不多,"友爱志向"在男性女性大多数年龄层中受到广泛支持。

此外,针对不同职业、学历、居住城市规模进行观察也会发现,除了在高中生和自由职业者中没有发生变化以外,在其他年龄层中"友爱志向"的比例都有所增加。而"与周围人和睦相处"的比例也在多个年龄层中有所提升。

而关于"改造志向",基本上持有这一价值观的人即使生活状态有所改变,也不会更改自己的价值观(图Ⅶ-15)。也就是说青年时期想要"与大家齐心协力改造社会"的人一生都不会改变这一目标。所以,此项想法之所以减少,是因为抱有这种想法的人渐渐离世,而支持其他想法的新世代人逐渐加入到调查中,世代更替导致结果发生了变化。同时在 1978 年至 1983 年之间,抱有"改造社会"想法的人也改变了自己的想法,再加上世代更替的影响,在国民整体中减少了 4% 的程度。

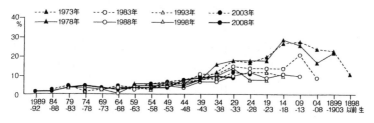

图Ⅶ-15 生活目标("正直志向",按出生年)

与未来相比更重视现在

接下来对数据图的两个数字轴进行比较。首先是"自己"重要还是"社会"重要方面（图Ⅶ-16）。虽然在1978年两者差距有所缩小，但是到了90年代前半期，认为"自己"重要的人略多。至此之后这种差别几乎不再存在。

而在另一条"现在"与"未来"的轴线上，在1978年时，以"现在"为中心的比例略高，在此之后两者间差距不断拉

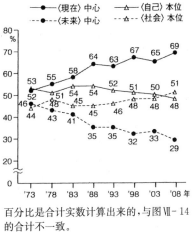

百分比是合计实数计算出来的，与图Ⅶ-14的合计不一致。

图Ⅶ-16 生活目标类型（全体）

大，到了2008年时以"现在"为中心的比例和"未来"相比，"现在"以69％比29％占据压倒性的优势。

虽然希望满足眼下利益的人比希望满足长期利益的人要多出不少，但是就像我们之前所看到的数据那样，与"自我"为中心相比将"社会"放在第一位的"友爱志向"还是占有较大的比例。

私生活优先的想法越来越受支持

正如之前数据展示给我们看到的那样，在最近5年间，作为充实生活所需的必要条件（第7问），选择"和睦相处"（第二位）的人有所增加，其次为了长期的理想工作（第19问），选择"与同事快乐地工作"以及在休闲娱乐（第20问、21问）方面选择"加深与家人关系"的人也有所增加。而作为生活目标，希望"与身边人和睦相处"的想法也持续增加，希望与亲戚保持密切关系的人也有所增多。由此可见在全体国民中注重与身边人关系的比例都有所增长。

虽然希望自己与周围人保持和睦关系的人超过半数，也非常重视与保持和周围关系，但是并不包括居住的全部区域，此外结社·斗争的现象也减少了，不参加政治活动的人也在持续增加，注重私生活的人群比例不断增长。

在这样的大环境下，手机、网络等新的交流工具在90年代末期迅速普及（图Ⅶ-17）。这些新的交流方式受到时间—空间的限

制较小,因此使得社会性的联系得以扩大。但是由于这些设备的使用方法不同,因此所产生的效果也不同。

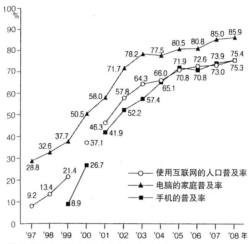

- 根据总务省《通讯利用动向调查》制成
- 《互联网利用人口普及率》
  1997～1999 年:15～69 岁;2000 年:15～79 岁;2001 年以后:6 岁以上
- 手机的普及率
  1999 年、2000 年:互联网对应型的手机用户世代普及率
  2001 年以后:个人普及率

图VII-17 互联网等普及状况

也就是说"电脑网络和手机网络的使用,由于社会文化背景的不同,对社会以及参与政治带来的影响也不尽相同","电脑网络的使用对日常社会活动带来的是较为积极的影响,但是手机网络的使用则对这样开放的社会环境影响较弱。"①

所谓"社会文脉"指的是手机邮件一般发送给与自己关系紧密的身边人,这些人的数量有限,而电脑邮件一般发给平时不怎么见

① 小林哲郎・池田谦一:《另一种格差:造成手机格差的原因》,池田谦一编著:《网络・交流群体与日常世界》,诚信书房,2005 年。
使用数据为山梨县 20 岁至 65 岁 1320 人的调查结果。第一次为 2002 年进行,从 1002 人(有效率为 75.9%)中回收。第二次为 2004 年,以第一次有效回答者为对象进行了调查,并从 646 人(有效率为 64.5%,如果算上最初的调查结果有效率为48.9%)中回收。
小林哲郎・池田谦一:《电脑邮件对社会宽容性带来的影响》,(《社会心理学研究》,第 24 卷第 2 号,2008 年)——原书注。

面,并且关系较为脆弱的人。不同的地方在于,虽然用手机键盘发短信不方便,但是发信人和收信人之间有着相互交流的关系;而在电脑上发邮件,需要确认是否有必要进行沟通,因此打字轻松并且文字长度限制较低的电脑邮件被更多地运用。

同时"手机短信具有提高私生活志向(逃避公共社交)的效果"[2]。

如果科技不断进步,设备间的操作性不存在差异的话,或许以上所述现象也将消失。但是如果有一天真的发展到这样一种地步的话,由于得到信息过于容易,可能会出现轻易就满足的危险思想。这不仅仅会影响到与周围人的关系,如果不主动融入社会或许会错过更多有用信息。

---

[2]　小林哲郎·池田谦一:《手机交流造成连接与分离》。

分析使用的数据为《第4次信息化社会与青少年相关调查》(内阁府、以全国12至19岁6 000人为对象,回收3 486份,有效率58.1%,2001年)。2006年虽然进行了第5次调查,但是并未发布同类型的调查分析报告。

Ⅷ 最终章 现代日本的世代和意识变化

    至此为止,我们对35年内各方面的意识变化情况分别进行了举例观察。在最后将对这些变化的特征进行综合归纳。首先从时间、领域以及变化程度进行观察。之后对世代间意识的不同以及世代交替对全体意识所产生的影响进行观察。最后对近几年日本人意识比例中出现逆转的现象进行思考。

Ⅷ-1 不断变化的日本人的意识

    在"日本人的意识调查"中,一直出现在调查中的问题总共有54问。在这些问题的选项中,"其他"、"不知道、无回答"、"不恰当"的选项总共有212个。为了把握意识变化的程度,将各问题选项之间的差值、1973年到2008年间的绝对值进行了计算,并得出了变化量(表Ⅷ-1)。从表中可以得出以下结论。

表Ⅷ-1 平均变化量(全体)

质问领域	项目数	73—78年	78—83	83—88	88—93	93—98	98—03	03—08	73—08
全体	212	2.3%	1.9	2.2	2.0	2.3	1.5	1.8	6.8
基本的价值	55	2.2	1.4	1.5	1.1	1.0	1.1	1.4	5.0
经济·社会·文化	55	2.2	1.6	2.0	1.6	1.5	1.3	1.3	5.7

领域	项目数	73—78年	78—83	83—88	88—93	93—98	98—03	03—08	73—08
家族·男女关系	37	2.5	1.9	3.0	2.6	2.8	1.5	1.4	11.5
政治	65	2.5	2.7	2.4	2.8	3.8	1.9	2.9	6.6

- 支持的政党、可能支持的政党,使用了政党总计。
- 问寻第一、第二的提问,使用了把第一、第二合计的结果。
- 相关联的提问,全部使用了分母。

35 年间的意识变化量

如果对 5 年间的变化值进行观察便会发现其中变化量较大的是 1973 年—1978 年间的 2.3％以及 1993 年—1998 年之间的 2.3％,而这两段时间正好和经济不景气的时期重合。由此可见经济状况会对人们多少产生影响。

在 1973 年—1978 年之间,几乎所有层面都有所变化,特别是在基本价值观、经济·社会·文化方面的变化量比其他时间段的变化要突出许多。从高速发展期一下跌入到石油危机当中,这对人们的价值观影响很大。

与此相对的是,在 1993 年—1998 年间,量变最大的是政治方面,达到了 3.8％。1993 年,标志着日本战后政治的自社两党的"1955 年体制"被推翻,而那时成立的细川内阁也非常短命。在那以后,经济问题愈发严重,有效的政策也未能出台,反倒是内阁更换了五次。另外,政党结构不断改革,也对政治意识产生了全面的影响。

2003 年—2008 年间,全体数据的平均值为 1.8％,在 8 次调查中仅高于 1998 年—2003 年间的数据,变化程度较小。但是,政治方面却为 2.9％,仅次于 1993 年—1998 年间的数据,变化程度很低。

在进行调查的 35 年间,变化量最大的是家庭·男女关系,为 11.5％。在 1973 年—2003 年期间,家庭·男女关系在所有方面的变化值都排在前两位。

在 1983 年—1988 年间变化量为 3.0％的部分引人注目。在女性地位提升方面,1976 年—1985 年间进行了"联合国妇女 10 年活动",1986 年男女平等法案实施。但是在 2003 年—2008 年间,变化量仅有 1.4％为 35 年间最低值。发生巨大变化的"家庭·男女关系"在最近几年放慢了其变化的脚步。

日本人一直持有的意识

接下来根据具体问题的选项对变化的特征进行观察。首先从多数人持有的意见，也就是日本人代代相传的意识开始进行观察（表Ⅷ-2 上）。

表Ⅷ-2　变化小的意识和变化大的意识

变化小的意识 （回答过半数， 变化小的意识）	变化量 最大-最小	单纯集计结果							
		73年	78	83	88	93	98	03	08
结社、斗争性（政治）：静观	4％	63	61	61	60	61	60	60	59
就生活整体而言，满足	5	57	61	61	61	61	61	61	59
应该对年长者使用敬语	5	84	87	89	88	86	87	87	88
媒人是很了解结婚情况的人	5	85	84	85	82	84	86	87	87
充实生活的手段（健康的身体）：第1位	5	78	77	77	77	75	76	73	74
工作对象：人品优于能力的人	5	68	70	72	71	71	71	67	68
过着心灵有张有弛的生活	5	67	72	72	71	72	70	70	73
对古寺、民居非常感到亲和	5	88	88	87	84	83	84	85	87
可以心情愉快交往的人很多	6	66	71	69	70	72	69	70	71
感到生在日本很好	6	91	93	96	95	97	95	95	96
按自己的方式为日本发挥作用	7	73	69	72	66	69	66	66	70
空闲时间的度过方式：做喜欢的事	7	62	62	60	64	63	67	66	67
为最大限度享受，精炼计划去旅行	7	61	63	61	60	58	56	57	59
舆论很少在政治上得到反映	7	52	56	59	60	59	53	57	58
国民的权利：活得有尊严	8	70	70	77	76	75	76	76	77
每年扫墓1~2次	8	62	65	68	65	70	68	68	68
男孩子的教育：到大学程序	8	64	68	68	72	70	67	68	68

变化小的意识 （回答过半数， 变化小的意识）	变化量 最大-最小	单纯集计结果							
		73 年	78	83	88	93	98	03	08
不可缺少的交流（根据 83 年实施项目）：与家人谈话	1			80	80	80	80	79	80
不可缺少的交流（根据 83 年实施项目）：与友人谈话	3			66	68	69	69	68	66
不可缺少的交流（根据 83 年实施项目）：看电视	4			84	83	86	86	85	84

变化大的意识增加	变化量 08—73	单纯集计结果							
		73 年	78	83	88	93	98	03	08
丈夫应该帮助做家务、带孩子	33％	53	60	67	72	77	84	86	86
女孩子的教育：到大学程度	30	22	24	23	31	35	41	48	52
孩子出生后继续工作	28	20	27	29	33	37	46	49	48
理想的家庭：家庭内相互帮助	27	21	23	29	35	41	45	46	48
婚前性关系：有爱情即可	25	19	23	25	31	35	43	44	44
居住在可以安全、舒适生活的地区	20	60	67	70	70	72	74	75	80
生活目标：追求爱	15	31	35	35	39	40	41	41	45
游行等对国家政治有一些影响	15	40	44	54	54	54	57	60	55
选举对国家政治有一些影响	14	23	28	35	37	37	41	42	38
工作、休闲并立	14	21	25	28	32	35	35	38	35

减少

	变化量	单纯集计结果							
婚前不可发生性关系	−36	58	50	47	39	32	26	24	23
女孩子教育：到高中程度	−29	42	34	30	21	18	18	14	13
做家务不是男人该干的事	−28	38	33	28	22	18	12	10	10
理想的家庭：按性别分担工作	−24	39	38	29	25	20	17	15	16
结婚之后专心保护家庭	−23	35	30	29	24	18	13	13	12
没有居住在可以安全、舒适生活的地区	−21	37	29	27	26	25	22	21	16
职场理想的交往方式：全面交往	−21	59	55	52	45	40	38	38	39
政治课题：提高福利	−20	49	32	27	37	37	18	14	28

现代日本人的意识解读

选举对国家政治影响非常大	—19	40	35	28	23	24	19	18	21
国民的权利:建立劳动工会	—18	39	36	29	27	26	23	20	22

　　最小值　　　最大值

　　接近九成的人所抱有的想法,并且不怎么发生改变的意识有以下若干选项:如"出生在日本感觉很好"、"对于古色古香的民居和寺庙倍感亲切"的爱国心以及"对年长者使用敬语"、"媒人需要了解结婚的两个人"等关系到权利平等的意识。

　　除此之外还可以举出如:扫墓祭奠先祖、对于教育热心、重视健康、注重情感关系、追求生活权利等意识。

　　虽然对于已经存在的政党不抱希望的人超过半数,希望与大家齐心协力使社会更美好的想法成为了少数派的意见,但是并不能说明人们已经不敢面对社会的不良现象。因为大多数人都怀有"按照自己的方式使社会更美好"的想法。

　　另一方面,在这35年间,电脑、手机等新媒体登场。但是作为不可或缺的交流方式,电视、与家人朋友聊天仍然是大多数人的选择。而且选择电视的人将近8成,由此可见电视对于人们意识的形成产生了相当大的作用。

　　这些都是长时间不变的意识,可以说是起到支配作用的意识,是从健康、教育开始的日本人生活意识的根基。

变化较大的意识

　　接下来对这35年间变化超过10％的选项进行观察(表Ⅷ-2下)。首先,增加明显的选项特征为:1973年时比例最低,到2003年或2008年时达到最高。而减少明显的选项特征为:1973年时比例最高,到2003年或者2008年时比例降到最低。

　　增加明显的选项为(括号内为选项):"丈夫帮忙家务照顾孩子"(理所应当)、"女子教育"(接收大学教育)。减少明显的选项为:"婚前性关系"(不可)、"女子教育"(接收高中教育)。在增减明显的选项当中,家庭·男女关系并列排在前列。但是像之前表述的一样,到2003年一直在持续增加或者减少,但是到了2008年时,有的选项又出现了反复。由此可见,这次调查的特征为最近5年的变化与之前有所不同。

多数派的意识更替

在 35 年间,随着人们的意识发生改变,曾经被选择最多的 11 个比例最高选项也发生了变化。生活目标方面"利益"变为"亲情";工作方向由"效率"转向"情感";与亲戚的关系由"全面交往"变成"部分交往";理想的工作环境方面则由"与同事愉快相处"代替了"健康"选项;在工作与娱乐方面"重视工作"被"工作与娱乐同等重视"所取代。

在男女·家庭方面,婚前性关系由"不可"变为"有爱即可";家庭方面由"女主内男主外"变为"家庭内分工协作";女性在对待家庭与工作时的态度由"生完孩子后不再工作"变为"育儿工作两不误";女子教育方面"接受大学教育"取代了"接受高中教育即可";政治方面,对于选举的有效性的认识,也由"强"转为"弱",支持政党方面也由"自民党"转为"无党派",人们对于政治的意识也逐渐转向淡薄。

在进行第 1 次调查时,将近代价值观的渗透作为调查目的,设置了许多问题。以 35 年前的想法,认为近代价值观是:在政治·社会层面上,包含民主化为中心的政治评论与斗争的认识以及从二战前"家"、"结婚"的传统观念中解放出来的男女平等意识。这些方面通过对政治有效性、结社斗争性、家庭男女关系的角度进行观察便会发现其中的特征。在生活方面:主要为以工业化为基础的效率优先式生活方式。换言之,当时被选比例最高的选项代表了当时的主流想法。而这种主流想法的变化成为了社会变迁的风向标。这便是意识变化调查的最终意义所在。

Ⅷ-2　日本人意识的基本构造与世代

在此章节我们将调查结果进行汇总。像之前观察的那样,问题与问题之间存在一定的关联性。比如说选择"不一定要结婚"的人存在选择"不一定要孩子"的倾向。这是因为在问题下面隐藏着重视个人的共同意识。通过将这些隐藏在问题下面的意识概念做为基础,对许多问题进行了统计并计算出变量值。使用这种变量法①,对8次调查结果都进行了归类分析,总结出世代间的特性。

根据变量法的结果,从隐藏在底层的意识中得出了两种概念。通过各问题的回答程度给出不同的数值。比如说婚前性关系方面,"不可"的选项在第一概念中得分为负1.83,第二概念中得分为负0.12。图Ⅷ-1以第一概念作为横轴,第二概念作为数轴,将数据图表化。

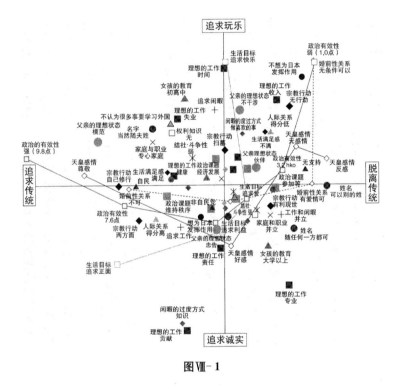

图Ⅷ-1

注1

使用的项目,是八次调查中共同的提问选项,全部22个问题,81个选项。

---

① 林知己夫《数量化·理论与方法》,朝仓书店,1993年。

适用于将多数回答中共同的根本问题通过统计学进行计算的方式。根据接受调查者对于问题反应,通过1或者0的方式进行统计,根据数据表现出的特性,给予各要素相应的数值。此外还可以根据受调查着的回答方式,对男女、年龄等各方面进行观察,得出平均值——原书注。

关于政治有效性感觉、结社斗争等以几个问题为一套题的提问，都进行了得分化并做了归总。

用线条把与轴相对很重要的问题选项进行了连接。

◆ 生活满足感归总	⟝ 生活目标	● 名字
× 家庭与职业	◉ 父亲的理想状态	· 效率·情绪得分归总
▲ 人际关系的得分	■ 理想的工作（第一）	◆ 闲暇的度过方式（现状第一）
+ 工作与闲暇归总	▲ 女孩子教育归总	◆ 宗教行动类型
⟝ 关于婚前性关系	✳ 结社·斗争性得分	● 日本是一流国家
● 想为日本发挥作用	▲ 很多事应向外国学习	⟞ 对天皇的感情
□ 权利知识类型	⟝ 政治有效性得分	▨ 政治课题
▲ 支持政党归总		

注2

用于总计的样本，是 22 个问题每个都回答"其他"或"不回答"的人。

其中							
第 1 次	第 2 次	第 3 次	第 4 次	第 5 次	第 6 次	第 7 次	第 8 次
2751 人	2747	2875	2620	2647	2531	2265	2093

注3

相关系数 Ⅰ 轴（横轴）0.373　　Ⅱ 轴（竖轴）0.291

意识的二个基轴

先对第一基轴（以下简称轴1）进行观察。通过图上得到的答案，将其归为"传统志向—脱离传统志向"。就像之前介绍的那样，本调查的目的为对于近代价值观的渗透情况进行调查。也就是假定人们的思想由传统转变为近代。在二战前价值观的特征为天皇制、家父制、封建制。而与此相对的价值观则是国民主权、结社斗争、男女平等的实现。对于"传统"的回答为：对天皇的尊敬、权威主义、传统规范、妇随夫姓等。而"近代"的回答为：政治有效感、结社斗争、平等主义等观念的加强。

但是这些意识并没有在数轴上对称的显现出来。在数轴上本该一半显示传统，一半显示近代。可是我们得到的数据显示，属于"近代"意识的政治有效感反而是出现在了"传统"观念的一边。也就是说"近代"的意识处于较弱的一方。因此,并不能把"传统"的对立面就简单的命名为"近代",将其称为"脱离传统"会更加贴切。

其次,以第二基轴(以下简称轴2)为基准观察便会发现,理想的工作(贡献)(专业)(责任)、休闲方式(知识)、生活目标(改正志向)等选项并列在数轴下方,婚前性关系(无条件许可)、生活目标(快乐志向)、理想的工作(时间)(收入)、政治有效性的感觉(弱)休闲志向、理想父亲(不干涉)、宗教行为(无行动)并列在上方。

在竖轴的下方代表未来,其表现出很强的向其他方面发展的倾向性。而上方为现在,更倾向于自己,追求快乐。因此"社会价值"在广义上说是"认真"志向,而"私人自由"在广义上说为"快乐"志向。由此可见,竖轴即轴2为"认真志向—快乐志向"。

这两个数轴是由儿岛和人[2]在对1978年数据进行分析时发现的。此数轴同样适用于此次调查,也就是说意识的基本结构并未发生改变。

世代影响较大

像之前观察的一样,很多时候即使个人的想法没有发生改变,但是随着世代间的更替,日本人的整体意识也会发生相对的改变。世代间的意识对于国民总体的意识到底有着怎样的影响力呢?

影响人们意识的重要因素主要包括时势、世代差距、年龄增长。通过群体分析法[3],根据调查的结果对各因素的影响力(时代效果、世代效果、年龄效果)进行分析。

时代效果是指时代变迁对于这一时代里所有人产生的共同影响的部分。世代效果是指在青少年期,性格成型时共同经历的历史事件产生影响。年龄效果是指随着年龄增长对于意识产生的影响。

---

② 儿岛和人《第Ⅶ章—意识形态变化的方向与特征》NHK播放文化研究所编《现代日本人的意识构造(第一版)》,日本播放出版协会,1979年——原书注。

③ 中村隆:《对于交互式群体分析的再思考》,《统计理理》第53卷第1号,103—132页——原书注。

对于变化较大的十个选项，根据统计研究所·中村隆教授的调查结果④发现，时代效果对十个选项中的大多数产生了影响，而世代影响对所有十个选项都产生了影响。由此可见，时代效果和世代效果对于人们的意识产生了较大的影响。

意识构造造成的世代结构

为了寻找出对意识具有极大影响力的世代间的特征，这里使用之前的数量化方式对数据进行了分析。表Ⅷ-3将年龄以每5岁⑤为一单位进行了分割，将平均值计算了出来。根据轴1、轴2各轴的平均值，将显示出类似数据的年龄段分成六组。根据结果显示，可以15年为一单位进行分组，从"战争世代"到"新新人类"总共六组。由于年龄分组与锦贯譲治的分组相同，因此采用了相同的名称⑥。

表Ⅷ-3　意识构造形成的世代区分（数量化Ⅲ类）

生年	平均得点		世代区分名称
	Ⅰ轴	Ⅱ轴	
—1898	—0.52	0.10	
1899—1903	—0.53	0.08	
1904—1908	—0.52	0.09	
1909—1913	—0.50	0.04	战争
1914—1918	—0.45	0.03	
1919—1923	—0.38	0.01	
1924—1928	—0.34	0.01	

---

④　河野启:《意识构造所形成的沉淀与意识变化》日本舆论调查协会报《舆论》第104号,19页——原书注。

⑤　由于要将舆论调查的结果进行统计分析,在不少年龄层存在一定的困难,因此将数据以5年为单位进行了计算与分析。因此"集中出生代"的区分占到了10年。

在2003年首次对世代间的特点进行了统计,在这次调查中以相同的方式对2008年的数据进行了分析。通过对之前七次统计结果的观察,并未发现需要改变分组方式的理由——原书注。

⑥　绵贯譲治:《出生群体与日本权势者》,《LEVIATHAN 第15期》,木泽社,1994年。

在这里将未在绵贯的统计中登场的下一世代的年轻人称为"新新人类"——原书注。

现代日本人的意识解读

生年	平均得点		世代区分名称
	Ⅰ轴	Ⅱ轴	
1929—1933	−0.24	−0.02	第一战后
1934—1938	−0.15	−0.02	
1939—1943	−0.06	−0.03	
1944—1948	0.05	−0.01	团块
1949—1953	0.13	−0.01	
1954—1958	0.21	−0.02	新人类
1959—1963	0.24	−0.01	
1964—1968	0.28	0.01	
1969—1973	0.31	0.04	团块二代
1974—1978	0.33	0.06	
1979—1983	0.37	0.07	
1984—1988	0.35	0.03	新人类二代
1989—1992	0.27	−0.01	

第一组(战争世代)具有很强的传统性,并且追求快乐。他们中最年轻的人在 1945 年时刚刚 17 岁,接收战前教育长大成人。

第二组(战后第一代)虽然也比较传统,但是比其他世代更加认真。他们在二战结束前出生,受到战后的民主教育。经历了东京奥运会的喜悦,在经济飞速发展 GDP 全球第二的辉煌时期(1968 年),他们中最年轻的为 25 岁,年龄最大的为 39 岁,是在经济高速发展期成长并支撑社会发展的一代人。

第三组(集中出生代)与之前的人不同,这一代人开始抱有背离传统的思想,是认真的一代。在战后民主主义下成长,经历了安保斗争、全共斗运动,并深刻体会到了经济高速发展期的变化。此外,还经历了从 1956 年的水俣病到后来的四日市哮喘等公害问题。在日本经济高速发展的同时,环境公害问题也接踵而至。在 1966 年时一连串政治家贪污渎职的事件被人揭发,史称"黑雾"事件。

第四组(新人类)虽然脱离传统的意识仍在继续,但是仍然留有部分认真的性格。第一代与电视机共同成长的世代。虽然说是在经济大国出生,但是当他们要走入社会时经济高速增长期正好结束。1976 年开始了"国联妇女十年"的运动,在 1986 年时,男女平等的相关法规正式出台,这一代人不是在此时出生便是在此时刚走入社会。

第五组(新集中出生代)相比以前的世代更脱离传统,追求快乐。这一代人不是经历了泡沫经济的崩盘就是在那样的环境中成长。此外电视游戏、电脑、手机等新媒体的出现,使得他们的成长环境也大不相同。

最后是第六组(新新人类),这一代人是在 2003 年时初次加入到调查中来的。与之前的第五组(新集中出生代)非常类似。在"轻松教育"的背景下成长。在政治方面,1991 年苏联解体,1993 年自民党也出现分裂,政治体制发生重大变化。1995 年阪神淡路大地震、地铁投毒事件、2001 年美国"911 事件"、疯牛病、新型流感SARS 等等,治安问题不再是某一个国家的问题。这一代人便是在这样一个大环境下成长起来的。

Ⅷ-3　日本人的意识走向

在 35 年间的调查中,人们的意识发生了怎样的变化趋势呢?接下来对未来日本人的意识走向进行观察。图Ⅷ-2 显示了世代间的变化情况,图Ⅷ-3 展现了全体的变化情况。

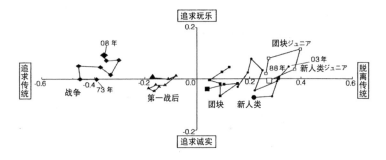

图Ⅷ-2　意识构造上的位置(按世代)

基本倾向

① 世代间(意识)的位置相互分离,随着调查的进行,相互之间的位置不断发生变化。如果每次调查的结果没发生什么变化的话,即使经过 35 年,各世代间也不会发生太大的变化。也就是说,

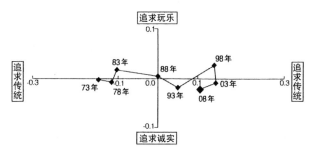

图Ⅷ-3　意识构造上的位置（全体）

各世代的年轻人受各自成长环境的影响，即使年龄不断增长，意识上也不会发生太大变化。

此外如果对世代间的位置关系进行观察，便会发现如数轴显示的一样，从战争世代到战后第一代为止以及集中出生代以后的世代之间是分开的。世代间存在的差距比较巨大，相互之间存在明显差距。

由此可见不同年代出生的人在思想上也存在巨大差距。战前教育、战败、战后民主主义、经济高度成长、政治腐败、男女平等、经济萎靡、全球化、媒体环境的改变等等这些因素，对不同世代的成长产生了不同的影响，因此各世代产生了各自独特的意识形态。

② 通过对同一调查年的数据进行分析，我们还发现了一个有趣的现象。先将父母与子女间不同的意识形态，通过"传统志向—脱离传统志向"的数轴进行观察。在 1973 年时，16 岁至 19 岁的子女与父母的关系在"新人类和战后第一代"中的偏差值为 0.31。在1988 年时"新集中出生代和集中出生代"中的偏差值为 0.17。2003年时，在"新新人类和新人类"中偏差值为 0.06，差距在逐渐缩小。在 1973 年时"新人类"还是孩童般的年纪，到了 2003 年时都到了为人父母的年纪，他们在父母与子女间的关系上存在巨大差异。2003 年时父母与子女间的关系与 30 年前的关系非常类似。

此外，如果算上 2008 年的数值，"战争世代与战后第一代"间的偏差值为 0.19，"战后第一代与集中出生代"间为 0.21，"集中出生代与新人类"间为 0.18，"新人类与新集中出生代"间为 0.06。而都是在电视的陪伴下成长的"新人类和新集中出生代"间的偏差值为 0.03，两者间几乎不存在差距。说明随着世代更替，新出现的世代与前一世代间的差距逐渐缩小。

③ 接下来在"追求认真—追求快乐"的数轴上进行观察。在追求快乐方面,战争世代和新集中出生代排在上方。而战后第一代和团块世代在追求认真方面排位较高。新人类排在中间位置,而逐渐退出社会一线的战后第一代,由于受到战后民主教育的影响非常强烈,因此认真的品格是他们一代人的特征。而现在认真志向最强烈的世代为新人类。在开始调查的 35 年前他们还不满 20 岁,但是在经历了 10 年的快乐志向后,正朝着认真志向发生着巨大的改变。

近年的变化

④ 在全体意识方面,最近 10 年又出现了从追求"快乐"方面向追求"认真"方面转变的倾向(图Ⅷ-3)。但是也并非所有的世代都有改变,在 1998 年至 2003 年之间,在新人类、新集中出生代中变化明显,而在 2003 年至 2008 年之间,新集中出生代和新新人类中向"认真"方面变化明显。

⑤ 在最近 5 年间,思想意识正在回归"传统"。

⑥ 新人类、新集中出生代在接受调查之后的 5 年,便开始向"脱离传统·追求快乐"方向变化,而新新人类则向着"传统·认真"方面变化着。由此可见新新人类从刚开始的变化方向便与其他世代不同。

利用到 2003 年为止的数据对基本倾向(①②③)的变化情况进行了分析。此分析结果通过 2008 年调查收集到的新数据得到了验证。关于意识变动方面,从①中可以得出这样的结论:即使各个体意识不发生改变,但是随着世代更替的进行,全体意识会从"传统观念"向"脱离传统观念"方向转变。从②中可以得知:世代间的差距随着新世代的出现,差距及变化程度不断缩小。关于近年来的变化方向(④⑤⑥),今年得到的结果与以往有所不同。

开始回归传统

接下来,对于回归传统的倾向稍微进行一下观察。如果对各世代调查年的横轴进行观察,便会发现在 2003 年至 2008 年间,所有世代间的变化方向都倾向于左边(传统志向)。在 1998 年至 2003 年间,同样表现出了相同的变化。而在这次调查中,回归传统的倾向愈发的明显。此外,在全体意识层面,到 2003 年为止,大体上由"传统志向"向"脱离传统志向"方面发生变动。但是到了 2008 年,又向"传统志向"方面发生变化(图Ⅷ-3)。

　　为了确定有哪些选项向"传统观念"回归,通过在数轴上的计算,分别从"传统志向"和"脱离传统志向"中选出了 20 个选项。通过对其 5 年间的数据变化进行分析,将对全体意识具有影响力的,并且具有 3％以上差值的数据制作成了表Ⅷ-4。

表Ⅷ-4　Ⅰ轴的范畴得分和结果的变化量(2003—2008 年)
按全体和世代

追求传统一方		变化量(2003—2008 年)％						
		全体	新人类二代	团块二代	新人类	团块	第一战后	战争
结婚后姓氏(当然随夫姓)	−2.85	5％	3	5	4	9	9	4
对天皇的感情"尊敬"	−1.43	4	4	5	4	4	6	0
政治课题"维持秩序"	−1.16	4	−1	6	4	6	4	5
生活满足感:满足	−1.15	3	3	3	3	2	1	0
日本是一流国家	−1.06	3	8	3	6	4	2	−2

脱离传统一方

无支持政党	1.63	−11	−17	−17	−13	−13	−11	0
不想为日本发挥作用	1.58	−3	−9	−9	−6	−2	−2	3
对天皇的感情"无感情"	1.45	3	5	−4	1	−2	1	2
政治有效性得分"微弱"	1.18	−6	1	−6	−10	−5	−7	−1
工作闲暇的理想方式"工作休闲并立"	1.14	−3	2	−4	−8	−5	−2	−4
不认为日本是一流国家	1.00	−3	−11	−5	−5	−4	−3	−1
女孩子教育:到大学＋研究生	0.88	4	7	3	7	2	2	1

　　注:追求传统一方和脱离传统一方,都是在范畴得分前 20 个项目中,整体发生 3％以上变化的项目。

　　首先,在"传统志向"方面,整体变化较多的是对于"天皇的感情"(尊敬)一项。无论对哪一世代进行观察,都会发现"尊敬"的选项在增加。其次,在婚后姓名的问题上,认为"随夫姓理所应当",政治方面"维持秩序",生活满足感方面的"满足","日本是一流大国"等选项都出现了 3％程度以上的增加。虽然在这里没有被提到,但是政治有效感的"强"以及"略强"的选项合在一起也出现了 3％程度的增长。而在其他选项方面,出现增长的选项要比减少的选项多一些。

　　在最近 5 年间，回归传统的有以下几方面，第一为政治领域方面，无党派人士出现减少，这可以看作是政治有效感方面回归"近代"的标志。也就是说人们更加积极地参加政治活动。第二为对于天皇的感情以及家庭·男女关系、国家主义等方面的传统思想。也就是说在回归传统方面，两方面的改变完全相同。通过表Ⅷ-4可以发现，虽然世代间的意识存在差异，但是这种相同的变化现象说明时代的变迁对于人们产生了相同的影响。

　　到 2008 年间的政治变动情况为，2005 年众议院选举中自民党大获全胜（小泉的邮政选举）、2007 年的参议院选举中民主党取得胜利。在选举当中每一票都有可能左右政局，因此人们对于选举有效性的感觉得到大幅提升。成为了人们对政治回复信心的重要契机，可以说对于"近代"意识的回归起到了巨大作用。

　　但是，这也是由于自民党政权长期停滞不前，民主党抓住机会通过改变得到成长的时期。

动荡年代的"传统志向"与"认真志向"

　　在社会变化方面，以 1990 年为分界线，认为"社会不确定性增加、生活充满风险、成功者的背后是弱者被社会抛弃，社会变得很不安定"的人有所增加[⑦]。

　　实际上，日本从 1999 年开始，非正规劳动者有所增加，没有稳定工作的年轻人和女性工作者大幅增加。而正规和非正规的劳动者间也两极分化，即使有工作也不代表将来能得到保证。

　　另一方面，不结婚、晚婚、少子高龄化的问题也愈发严重，家庭所扮演的角色也愈发不安定起来。"养老金"问题也使得老年生活变得不确定起来，因此如果要用一个词对这 10 年的状况进行归纳总结的话，那便是"动荡年代"。

　　特别是生活基础较弱的人群身心上的压力非常大。在这样的年代里人们为了追求更加安定的生活，"传统志向"和"认真志向"的增长便不难想像了。但是像这样出现反复的现象到底是长期现

　　⑦　山田昌弘：《希望上存在差距的社会》，筑摩书房，2004 年，18—19 页——原书注。

象,还是由于经济萧条下的短期现象,仍还需要通过以后调查得到的数据进行分析。

在 2008 年调查之后,发生了全球性的金融危机以及在 2009 年众议院选举中,民主党大胜政权交替等等一系列事件。这些事件或许会让人永生难忘。在这样的环境下度过青春期的年轻人又会产生怎样的意识形态呢? 青春时期经历的历史事件会对一代人产生相当深远的影响,并且受到这种影响的价值观可能一生都无法改变。对于这种意识变化的探求并不仅仅是对这一代人意识的理解,而是对于长期观察日本人的意识变化有着巨大的帮助。这便是以相同的方式以及相同问题多次重复进行调查的重要意义之一。

附录 I "日本人的意识"调查

调查的概要

	调查日	调查相手	调查方法	有效数(率)
第1回	1973(昭和48)年 6月16日(土) 17日(日) 18日(月)	全国16岁以上的 国民5 436人 (302地点×18人)	个人面接法	4 243人 (78.1%)
第2回	1978(昭和53)年 6月24日(土) 25日(日)	全国16岁以上的 国民5 400人 (450地点×12人)	个人面接法	4 240人 (78.5%)
第3回	1983(昭和58)年 9月3日(土) 4日(日)	全国16岁以上的 国民5 400人 (450地点×12人)	个人面接法	4 064人 (75.3%)
第4回	1988(昭和63)年 6月25日(土) 26日(日)	全国16岁以上的 国民5 400人 (450地点×12人)	个人面接法	3 853人 (71.4%)
第5回	1993(平成5)年 10月2日(土) 3日(日)	全国16岁以上的 国民5 400人 (450地点×12人)	个人面接法	3 814人 (70.6%)
第6回	1998(平成10)年 10月17日(土) 18日(日) 19日(月) 20日(火) (台风的 日程扩大)	全国16岁以上的 国民5 400人 (450地点×12人)	个人面接法	3 622人 (67.1%)
第7回	2003(平成15)年 6月28日(土) 29日(日)	全国16岁以上的 国民5 400人 (450地点×12人)	个人面接法	3 319人 (61.5%)
第8回	2008(平成20) 年6月28日(土) 29日(日)	全国16岁以上的 国民5 400人 (450地点×12人)	个人面接法	3 103人 (57.5%)

现代日本人的意识解读

指定样本构成

回数	第 1 回	第 2 回	第 3 回	第 4 回	第 5 回	第 6 回	第 7 回	第 8 回
调查年	1973 年	1978 年	1983 年	1988 年	1993 年	1998 年	2003 年	2008 年
全体	5 436	5 400	5 400	5 400	5 400	5 400	5 400	5 400
男性 16—19 岁	204	217	198	206	211	146	155	130
男性 20—29 岁	635	529	461	446	455	498	416	371
男性 30—39 岁	608	586	612	537	440	425	484	430
男性 40—49 岁	503	541	552	495	504	450	378	422
男性 50—59 岁	268	352	409	481	439	487	524	453
男性 60—69 岁	246	202	222	272	322	380	370	402
男性 70 岁以上	145	136	156	171	190	251	293	370
女性 16—19 岁	211	228	216	179	184	155	131	121
女性 20—29 岁	654	618	462	487	505	486	380	328
女性 30—39 岁	654	727	688	578	441	414	506	485
女性 40—49 岁	545	481	512	546	575	480	442	400
女性 50—59 岁	372	389	410	415	441	463	437	462
女性 60—69 岁	235	230	295	341	398	398	448	450
女性 70 岁以上	155	164	207	243	295	367	436	576
年龄范围外	1			3				

人数（人）

续 表

回数		第1回 1973年	第2回 1978年	第3回 1983年	第4回 1988年	第5回 1993年	第6回 1998年	第7回 2003年	第8回 2008年
全体		100.0	100.0	100.0	100.0	100.0	100.0	100.0	100.0
构成比(%) 男性	16—19岁	3.8	4.0	3.7	3.8	3.9	2.7	2.9	2.4
	20—29岁	11.7	9.8	8.5	8.3	8.4	9.2	7.7	6.9
	30—39岁	11.2	10.9	11.3	9.9	8.1	7.9	9.0	8.0
	40—49岁	9.3	10.0	10.2	9.2	9.3	8.3	7.0	7.8
	50—59岁	4.9	6.5	7.6	8.9	8.1	9.0	9.7	8.4
	60—69岁	4.5	3.7	4.1	5.0	6.0	7.0	6.9	7.4
	70岁以上	2.7	2.5	2.9	3.2	3.5	4.6	5.4	6.9
女性	16—19岁	3.9	4.2	4.0	3.3	3.4	2.9	2.4	2.2
	20—29岁	12.0	11.4	8.6	9.0	9.4	9.0	7.0	6.1
	30—39岁	12.0	13.5	12.7	10.7	8.2	7.7	9.4	9.0
	40—49岁	10.0	8.9	9.5	10.1	10.6	8.9	8.2	7.4
	50—59岁	6.8	7.2	7.6	7.7	8.2	8.6	8.1	8.6
	60—69岁	4.3	4.3	5.5	6.3	7.4	7.4	8.3	8.3
	70岁以上	2.9	3.0	3.8	4.5	5.5	6.8	8.1	10.7

现代日本人的意识解读

有效数（率）

人数（人）	回数	第1回	第2回	第3回	第4回	第5回	第6回	第7回	第8回
	调查年	1973年	1978年	1983年	1988年	1993年	1998年	2003年	2008年
	全体	4 243	4 240	4 064	3 853	3 814	3 622	3 319	3 103
男性	16—19岁	160	171	152	151	139	93	101	73
	20—29岁	418	333	256	247	251	229	174	145
	30—39岁	447	444	412	332	287	246	233	190
	40—49岁	406	423	387	337	344	285	193	209
	50—59岁	214	281	327	340	313	330	348	261
	60—69岁	196	159	184	228	251	288	253	264
	70岁以上	112	99	118	120	142	188	217	251
女性	16—19岁	167	186	179	139	129	99	86	63
	20—29岁	499	464	313	306	304	262	156	134
	30—39岁	553	623	570	465	332	297	299	268
	40—49岁	470	409	430	426	449	355	307	255
	50—59岁	302	340	337	308	349	369	318	314
	60—69岁	193	184	246	287	318	306	341	327
	70岁以上	106	124	153	167	206	275	293	349

回数	第 1 回	第 2 回	第 3 回	第 4 回	第 5 回	第 6 回	第 7 回	第 8 回
调查年	1973 年	1978 年	1983 年	1988 年	1993 年	1998 年	2003 年	2008 年
全体	78.1	78.5	75.3	71.4	70.6	67.1	61.5	57.5
男性 16—19 岁	78.4	78.8	76.8	73.3	65.9	63.7	65.2	56.2
男性 20—29 岁	65.8	62.9	55.5	55.4	55.2	46.0	41.8	39.1
男性 30—39 岁	73.5	75.8	67.3	61.8	65.2	57.9	48.1	44.2
男性 40—49 岁	80.7	78.2	70.1	68.1	68.3	63.3	51.1	49.5
男性 50—59 岁	79.9	79.8	80.0	70.7	71.3	67.8	66.4	57.6
男性 60—69 岁	79.7	78.7	82.9	83.8	78.0	75.8	68.4	65.7
男性 70 岁以上	77.2	72.8	75.6	70.2	74.7	74.9	74.1	67.8
女性 16—19 岁	79.1	81.6	82.9	77.7	70.1	63.9	65.6	52.1
女性 20—29 岁	76.3	75.1	67.7	62.8	60.2	53.9	41.1	40.9
女性 30—39 岁	84.6	85.7	82.8	80.4	75.3	71.7	59.1	55.3
女性 40—49 岁	86.2	85.0	84.0	78.0	78.1	74.0	69.5	63.8
女性 50—59 岁	81.2	87.4	82.2	74.2	79.1	79.7	72.8	68.0
女性 60—69 岁	82.1	80.0	83.4	84.2	79.9	76.9	76.1	72.7
女性 70 岁以上	68.4	75.6	73.9	68.7	69.8	74.9	67.2	60.6

有效率(%)

有效样本构成

回数	第 1 回	第 2 回	第 3 回	第 4 回	第 5 回	第 6 回	第 7 回	第 8 回
调查年	1973 年	1978 年	1983 年	1988 年	1993 年	1998 年	2003 年	2008 年
全体	4 243	4 240	4 064	3 853	3 814	3 622	3 319	3 103
性别 男性	1 953	1 910	1 836	1 755	1 727	1 659	1 519	1 393
女性	2 290	2 330	2 228	2 098	2 087	1 963	1 800	1 710
年龄 16—19 岁	327	357	331	290	268	192	187	136
20—24 岁	414	323	266	282	307	243	147	133
25—29 岁	503	474	303	271	248	248	183	146
30—34 岁	503	543	472	330	295	254	242	216
35—39 岁	497	524	510	467	324	289	290	242
40—44 岁	494	426	431	386	408	289	260	228
45—49 岁	382	406	386	377	385	351	240	236
50—54 岁	271	348	336	321	343	343	336	241
55—59 岁	245	273	328	327	319	356	330	334
60—64 岁	216	204	235	290	340	326	312	297
65—69 岁	173	139	195	225	229	268	282	294
70—74 岁	126	115	142	151	163	228	242	251
75 岁以上	92	108	129	136	185	235	268	349

人数（人）

续 表

		第1回 1973年	第2回 1978年	第3回 1983年	第4回 1988年	第5回 1993年	第6回 1998年	第7回 2003年	第8回 2008年
都市规模	特别区 100万以上市	784	772	739	697	712	677	566	564
	30万以上 市	578	693	676	607	667	645	648	688
	10万以上 市	823	827	839	789	766	749	673	748
	5万以上 市 村	465	517	440	515	467	464	337	528
	5万未满 市 村	1 593	1 431	1 370	1 245	1 202	1 087	1 095	575
学历	中学	1 914	1 596	1 333	1 073	863	747	600	545
	高校	1 486	1 675	1 577	1 586	1 606	1 478	1 332	1 205
	高专·短大	282	286	390	471	535	577	581	573
	大学卒	238	300	381	393	450	533	536	549
	高校在	217	272	253	211	210	154	150	110
	短大·大学在	81	85	98	72	82	84	56	56
	其他,无回答	25	26	32	47	68	49	64	65

回数	第1回	第2回	第3回	第4回	第5回	第6回	第7回	第8回
调查年	1973年	1978年	1983年	1988年	1993年	1998年	2003年	2008年
全体	100.0	100.0	100.0	100.0	100.0	100.0	100.0	100.0
男性	46.0	45.0	45.2	45.5	45.3	45.8	45.8	44.9
女性	54.0	55.0	54.8	54.5	54.7	54.2	54.2	55.1
16—19岁	7.7	8.4	8.1	7.5	7.0	5.3	5.6	4.4
20—24岁	9.8	7.6	6.5	7.3	8.0	6.7	4.4	4.3
25—29岁	11.9	11.2	7.5	7.0	6.5	6.8	5.5	4.7
30—34岁	11.9	12.8	11.6	8.6	7.7	7.0	7.3	7.0
35—39岁	11.7	12.4	12.5	12.1	8.5	8.0	8.7	7.8
40—44岁	11.6	10.0	10.6	10.0	10.7	8.0	7.8	7.3
45—49岁	9.0	9.6	9.5	9.8	10.1	9.7	7.2	7.6
50—54岁	6.4	8.2	8.3	8.3	9.0	9.5	10.1	7.8
55—59岁	5.8	6.4	8.1	8.5	8.4	9.8	9.9	10.8
60—64岁	5.1	4.8	5.8	7.5	8.9	9.0	9.4	9.6
65—69岁	4.1	3.3	4.8	5.8	6.0	7.4	8.5	9.5
70—74岁	3.0	2.7	3.5	3.9	4.3	6.3	7.3	8.1
75岁以上	2.2	2.5	3.2	3.5	4.9	6.5	8.1	11.2

性　年龄　构成比（%）

	回数	第 1 回	第 2 回	第 3 回	第 4 回	第 5 回	第 6 回	第 7 回	第 8 回
	调查年	1973 年	1978 年	1983 年	1988 年	1993 年	1998 年	2003 年	2008 年
构成比(%)／都市规模	特别区 100万以上市	18.5	18.2	18.2	18.1	18.7	18.7	17.1	18.2
	30万以上市	13.6	16.3	16.6	15.8	17.5	17.8	19.5	22.2
	10万以上市	19.4	19.5	20.6	20.5	20.1	20.7	20.3	24.1
	5万以上市 村	11.0	12.2	10.8	13.4	12.2	12.8	10.2	17.0
	5万未满 市 村	37.5	33.8	33.7	32.3	31.5	30.0	33.0	18.5
构成比(%)／学历	中学卒	45.1	37.6	32.8	27.8	22.6	20.6	18.1	17.6
	高校卒	35.0	39.5	38.8	41.2	42.1	40.8	40.1	38.8
	高专·短大卒	6.6	6.7	9.6	12.2	14.0	15.9	17.5	18.5
	大学卒	5.6	7.1	9.4	10.2	11.8	14.7	16.1	17.7
	高校在	5.1	6.4	6.2	5.5	5.5	4.3	4.5	3.5
	短大·大学在	1.9	2.0	2.4	1.9	2.1	2.3	1.7	1.8
	其他,无回答	0.6	0.6	0.8	1.2	1.8	1.4	1.9	2.1

続 表

回数		第 1 回	第 2 回	第 3 回	第 4 回	第 5 回	第 6 回	第 7 回	第 8 回
调查年		1973 年	1978 年	1983 年	1988 年	1993 年	1998 年	2003 年	2008 年
全体		4 243	4 240	4 064	3 853	3 814	3 622	3 319	3 103
支持政党 人数（人）	自民党	1 457	1 619	1 648	1 493	1 083	871	829	807
	民主党	—	—	—	—	—	297	162	478
	公明党	150	185	169	144	109	85	123	110
	共产党	180	90	104	83	71	123	42	66
	社民党（社会党）	838	597	506	420	315	128	59	43
	国民新党	—	—	—	—	—	—	—	4
	新党日本	—	—	—	—	—	—	—	1
	其他	131	195	227	107	515	100	92	10
	支持	1 339	1 432	1 307	1 458	1 552	1 895	1 889	1 412
	无回答	148	122	103	148	169	123	123	172

续 表

	回数	第 1 回	第 2 回	第 3 回	第 4 回	第 5 回	第 6 回	第 7 回	第 8 回
	调查年	1973 年	1978 年	1983 年	1988 年	1993 年	1998 年	2003 年	2008 年
职业 人数(人)	农林渔业	337	259	223	226	147	149	98	63
	自营业者	506	578	520	470	420	339	326	305
	技能职·熟练职	183	202	235	242	195	224	231	269
	一般作业职	627	526	436	427	393	340	303	221
	事务职·技术职	151	171	172	152	199	156	122	160
	经营者·管理者	558	586	609	580	763	812	611	526
	专门职,自由业,其他职业	162	198	154	151	162	124	140	137
		34	44	52	49	31	41	38	67
	主妇	1 001	955	823	784	711	679	651	588
	生徒·学生	284	349	332	273	284	229	197	157
	无职	387	329	395	387	414	480	515	545
	其他,无回答	13	43	113	112	95	49	87	65

续　表

回数	第1回	第2回	第3回	第4回	第5回	第6回	第7回	第8回
调查年	1973年	1978年	1983年	1988年	1993年	1998年	2003年	2008年
全体	100.0	100.0	100.0	100.0	100.0	100.0	100.0	100.0
自民党	34.3	38.2	40.6	38.7	28.4	24.0	25.0	26.0
民主党	—	—	—	—	—	8.2	4.9	15.4
公明党	3.5	4.4	4.2	3.7	2.9	2.3	3.7	3.5
共产党	4.2	2.1	2.6	2.2	1.9	3.4	1.3	2.1
社民党(社会党)	19.8	14.1	12.5	10.9	8.3	3.5	1.8	1.4
国民新党	—	—	—	—	—	—	—	0.1
新党日本	—	—	—	—	—	—	—	0.0
其他	3.1	4.6	5.6	2.8	13.5	2.8	2.8	0.3
支持	31.6	33.8	32.2	37.8	40.7	52.3	56.9	45.5
无回答	3.5	2.9	2.5	3.8	4.4	3.4	3.7	5.5

支持政党　构成比(%)

回数	第1回	第2回	第3回	第4回	第5回	第6回	第7回	第8回
调查年	1973年	1978年	1983年	1988年	1993年	1998年	2003年	2008年
农林渔业	7.9	6.1	5.5	5.9	3.9	4.1	3.0	2.0
自营业者	11.9	13.6	12.8	12.2	11.0	9.4	9.8	9.8
职	4.3	4.8	5.8	6.3	5.1	6.2	7.0	8.7
技能职·熟练作业职	14.8	12.4	10.7	11.1	10.3	9.4	9.1	7.1
一般作业职	3.6	4.0	4.2	3.9	5.2	4.3	3.7	5.2
事务职·技术职	13.2	13.8	15.0	15.1	20.0	22.4	18.4	17.0
经营者·管理者	3.8	4.7	3.8	3.9	4.2	3.4	4.2	4.4
专门职·自由业、其他职业	0.8	1.0	1.3	1.3	0.8	1.1	1.1	2.2
主妇	23.6	22.5	20.3	20.3	18.6	18.7	19.6	18.9
生徒·学生	6.7	8.2	8.2	7.1	7.4	6.3	5.9	5.1
无职	9.1	7.8	9.7	10.0	10.9	13.3	15.5	17.6
其他、无回答	0.3	1.0	2.8	2.9	2.5	1.4	2.6	2.1

职业　构成比(%)

（支持政党）

质问以及单纯集计结果

关于表记方式：

1. 表中数字为将各选项答案有效统计后得出的百分比，小数点以下第 2 位采取四舍五入的方式。

2. 表中不等号为将两侧数字进行比较后的结果（可靠程度 95%），如果左侧数值较高则使用[＞]，右侧数据较高则使用[＜]。

3. 右侧不等号为左侧数字与 2008 年数据比较的结果（比如第 3 问中 1973 年与 2008 年间的比较结果）。

4. 在进行调查时没有选项的情况使用[—]表示。

5. 第 45 问至第 50 问中[—]表示问题没有进行。

不可缺少的交流活动

第 1 问　首先对日常生活进行调查。在以下表中选出你认为不可缺少的选项。

	83 年	88 年	93 年	98 年	03 年	08 年
1. 阅读报纸	81.1	79.9＞76.6		75.6	73.1＞67.0	
2. 看书	33.8	35.4	35.1	35.3	34.7	33.9
3. 看漫画、电影	6.5＜8.7		8.8	9.5	10.7	11.0
4. 阅览杂志(漫画除外)	18.1	18.6＜21.6		22.4	21.9＞19.9	
5. 看电视	83.8	82.5＜85.8		86.3	85.2	83.5
6. 收听广播	32.4＞30.3＞27.8			28.4	26.8	26.8
7. 听 CD 和 MD	22.8＜25.8		26.5	27.0	26.9	26.6
8. 使用手机	—	—		—	39.2＜49.8	
9. 使用互联网	—	—		—	20.0＜28.8	
10. 与家人聊天	79.8	80.0	79.9	80.2	78.9	79.6
11. 与朋友聊天	66.1＜68.2		69.3	68.9	67.8	66.3
12. 以上不包含想选择的选项	0.3	0.3	0.4	0.2	0.3	0.5
13. 不知道・无回答	0.1	0.2	0.2	0.1	0.2	0.2

　　　　　　　　　　　　　　　　　　　　　　　　　　　　　※　　　　　※

※ 2003 年以后有对选项进行增加，因此无法与以前的选项进行比较。

不可缺少的交流活动（第1位）

第2问 ［第1问中选择1—11的人］

如果只选一项会是哪一项［第1位］；如果多选一项会是哪一项［第2位］

［第1位］的结果	83年	88年	93年	98年	03年	08年
1. 阅读报纸	25.9＞23.5＞21.1			21.9	18.0＞15.3	
2. 看书	2.0	2.0	2.0	1.9	1.7	2.1
3. 看漫画、电影	0.2	0.3	0.3	0.2	0.4	0.3
4. 阅览杂志(漫画除外)	0.3	0.3	0.4	0.3	0.2	0.2
5. 看电视	18.9＞16.9＜22.2＞19.8				19.8	20.3
6. 收听广播	1.6	1.8＞1.2		1.7	1.6	1.9
7. 听CD和MD	1.7＜2.4		1.9	1.8	1.3	0.9
8. 使用手机	—	—	—	—	4.9＜7.3	
9. 使用互联网	—	—	—	—	2.1＜3.4	
10. 与家人聊天	40.6	42.6	40.4	41.6	42.0	40.5
11. 与朋友聊天	7.9	9.0	9.1	10.0	7.0	6.0
12. 不知道·无回答	0.5	0.8	0.9＞0.5		0.5＜1.1	
13. 无选项(第1问中选择12和13的人)	0.3	0.4	0.5＞0.2		0.5	0.7

※ ※

［第1位］＋［第2位］的结果

	83年	88年	93年	98年	03年	08年
1. 阅读报纸	51.3＞47.1＞41.3			41.1	35.7＞30.4	
2. 看书	5.9	6.0	5.9	5.6	5.3	5.4
3. 看漫画、电影	0.5	0.6＜1.1		0.9	1.0	0.8
4. 阅览杂志(漫画除外)	1.1	1.1	1.5	1.4	0.7	0.5
5. 看电视	43.6＞41.2＜48.0			46.5	44.2	42.2
6. 收听广播	4.9	4.8	3.9	3.8	3.7＜4.9	
7. 听CD和MD	4.6＜6.0		5.3	4.6	3.6	3.1
8. 使用手机	—	—	—	—	10.3＜15.1	
9. 使用互联网	—	—	—	—	4.4＜8.4	
10. 与家人聊天	60.1	59.8	58.5	58.1	56.6	56.2
11. 与朋友聊天	23.4＜27.0		26.9＜29.3		25.2＞21.5	
12. 不知道·无回答	3.4＜4.7		＜5.7＜7.8		7.9	9.0
13. 无选项(第1问中选择12和13的人)	0.3	0.4	0.5＞0.2		0.5	0.7

※ ※

生活各方面的满足感

第3问 对于日常生活方面如下所示,分为 ABCD 四部分,请从中各选出一项。

A. 衣食住行各方面过着令人满意的物质生活

	73 年	78 年	83 年	88 年	93 年	98 年	03 年	08 年
1. 是	58.5<	66.0<	71.0	69.6	72.6	73.7	73.8	72.2<
2. 不是	36.1>	28.2>	25.7	27.3>	23.8	23.4	22.6	22.9>
3. 不知道、无回答	5.4	5.7>	3.3	3.1	3.6	2.9	3.6<	4.9

B. 有生活价值,过着安乐的生活

1. 是	67.4<	72.1	72.0	71.2	71.9	70.4	69.7<	72.7<
2. 不是	25.6>	20.4<	22.8	22.8	22.9	24.3	25.0>	21.9>
3. 不知道、无回答	7.0	7.6>	5.1	6.0	5.3	5.3	5.3	5.4>

C. 居住在环境完备、安全舒适的地方

1. 是	59.7<	67.3<	69.7	70.3	72.2	74.0	75.3<	80.0<
2. 不是	36.6>	28.6	27.2	26.3	24.6>	22.4	20.5>	16.0>
3. 不知道、无回答	3.7	4.1>	3.1	3.3	3.2	3.6	4.2	4.0

D. 在这一区域和工作、学习的场所有许多志同道合的伙伴

1. 是	65.9<	71.3>	69.0	70.3	71.9>	68.7	69.9	71.2<
2. 不是	28.4>	22.4<	25.2	24.6>	22.3<	25.3	24.0	22.8>
3. 不知道、无回答	5.7	6.3	5.8	5.1	5.8	6.0	6.1	6.1

关于生活总体的满足感

第4问 您对于现在的生活,总体来说是否感到满足?从下表中选出与自己相近的选项。

	简称								
1. 满足状态	满足	20.7<	24.0<	25.9	24.8	25.9	26.1	25.4<	27.6<
2. 比较满足	较满足	56.8<	61.1	60.5	61.3	61.3	60.6	60.5	59.1<
3. 比较不满	较不满	18.2>	12.3	11.4	11.4	10.4	11.3	11.5	10.7>
4. 不满状态	不满	3.2>	1.9	1.7	1.8	1.7	1.6	1.9	2.0>
5. 不知道、无回答	不知道	1.0>	0.6	0.6	0.7	0.8>	0.4	0.7	0.6

储蓄·消费

第5问 如果现在有了一个月的临时收入您将如何处理？从下选项中选出与您相符的选项。

	简称	73年	78年	83年	88年	93年	98年	03年	08年
1. 不考虑以后,尽情消费	无计划消费	11.3	11.0	11.2<	12.8	12.3	12.2>	10.5	9.9
2. 先立计划再消费	计划消费	42.4	41.4	39.5<	42.4	42.8	44.3	46.2	43.9
3. 先存钱,将来也许用得上	储蓄	43.9	45.3	47.1>	42.0	42.3	41.1	40.4<	43.2
4. 其他		0.4<	1.0	1.3	1.1	1.1	1.1	1.1	1.4<
5. 不知道、无回答	不知道	2.1>	1.4>	0.9<	1.7	1.5	1.2	1.7	1.6

生活目标

第6问 人的生活目标多种多样,从下表中选出与您实际情况相符的选项。

	简称	73年	78年	83年	88年	93年	98年	03年	08年
1. 快乐度过每一天	快乐志向	21.0	19.9<	22.4<	25.0>	23.0<	25.1	24.1	24.0<
2. 好好计划,过充实富裕的生活	利益志向	32.5	30.7	31.9>	28.5	28.6>	25.5	26.0>	23.5>
3. 与身边的人和睦相处	情感志向	30.5<	35.2	35.4<	38.5	39.7	41.4	41.4<	45.1>
4. 与大家合力让社会更美好	改正志向	13.8	12.7>	9.1>	6.5	6.6	6.5	6.7	5.6>
5. 其他		0.3	0.2	0.2	0.3	0.3	0.2	0.2	0.3
6. 不知道、无回答	不知道	2.0>	1.4	1.0	1.2	1.7	1.2	1.7	1.5

现代日本人的意识解读

生活的充实手段

第7问 对于以下5个方面，根据自己的实际想法进行排列。

A. 丰富的兴趣爱好

	73 年	78 年	83 年	88 年	93 年	98 年	03 年	08 年
1. 第 1 位	1.3	1.6	1.9<	2.9	3.2	3.7	3.6	4.3<
2. 第 2 位	4.9<	6.1	6.0<	8.4	9.3	9.9	10.3	9.4<
3. 第 3 位	10.7	11.9	12.2<	14.7	15.8	16.9	15.6	15.8<
4. 第 4 位	23.1	23.7	22.4	23.6	25.4	24.8	25.8	25.5<
5. 第 5 位	55.5>	52.0	53.7>	48.0>	43.8	41.7	42.6	41.7>
6. 不知道、无回答	4.6	4.6	3.8>	2.4	2.5	3.0>	2.0<	3.4>

B. 有价值的工作和活动

1. 第 1 位	9.0	8.8	8.0	7.8	7.2	7.3	8.1>	6.3>
2. 第 2 位	26.7	27.0	26.9>	24.8	24.1>	21.7	21.6	21.9>
3. 第 3 位	29.0	29.1	29.6	28.3	27.4	26.0	26.7>	23.8>
4. 第 4 位	19.8	18.5	19.1	20.3	20.2	21.3	21.4	22.1>
5. 第 5 位	11.5	12.4	12.6<	16.3<	18.2<	21.0	19.9	21.8<
6. 不知道、无回答	3.9	4.3	3.8>	2.4	2.8	2.7	2.4<	4.0

C. 经济能力

1. 第 1 位	6.8	7.4	8.5>	7.0<	8.9>	7.6<	9.6	9.2<
2. 第 2 位	35.3	33.8	32.9	33.0	31.5	32.9	34.4	32.5>
3. 第 3 位	26.0	24.4	23.8	25.0	24.3	24.4	23.5	24.2
4. 第 4 位	16.7	17.4	17.9	18.1	17.7	17.7>	15.6	16.6
5. 第 5 位	11.7	13.1	13.5	14.4	15.2	14.7	14.8	14.1<
6. 不知道、无回答	3.6	3.9	3.4>	2.5	2.3	2.6	2.1<	3.4

D. 和睦相处

1. 第 1 位	3.7	4.2	3.9	4.3	4.6	4.6	4.7	5.2<
2. 第 2 位	18.9	19.5	20.1	20.0	20.9	21.6>	18.8<	21.4>
3. 第 3 位	25.7	24.9	26.4	24.9	24.9	24.7	25.7	26.6
4. 第 4 位	33.4	32.6	33.3	32.4>	30.3	29.4	31.2>	28.2>
5. 第 5 位	15.4	15.9<	13.8<	16.3	17.5	17.6	18.0>	15.9
6. 不知道、无回答	2.9	2.8	2.5	2.1	1.8	2.1	1.6<	2.7

E. 健康的体魄

1. 第 1 位	78.3	77.2	77.3	77.1	75.4	75.5>	73.3	74.1>
2. 第 2 位	12.3	11.8	13.1	12.5	13.1	12.4	13.7	12.9
3. 第 3 位	5.1	6.0	5.2	4.9	5.5	5.7	6.7	6.5<
4. 第 4 位	2.1	2.5	2.6	2.8	3.3	3.4	3.4	3.4<
5. 第 5 位	0.8<	1.3	1.3<	1.9	1.9	1.5	2.1	2.0<
6. 不知道、无回答	1.3	1.2>	0.6	0.9	0.8<	1.4>	0.8	1.2

理想家庭

第 8 问 以下为 4 个不同家庭的情况。请选出您认为最合心意的一家。

东:父亲具有一家之主的威严,母亲尽心尽力维护父亲。

西:无论是父亲还是母亲都有自己的兴趣爱好,热心投入于自己的爱好。

南:父亲忙于工作,母亲为家庭尽心尽力。

北:父亲经常顾及家里情况,母亲为构建温暖家庭尽心尽力,一心一意。

	略称	73 年	78 年	83 年	88 年	93 年	98 年	03 年	08 年
1. 东	夫唱妻随	21.9	20.7<	23.0>	20.2>	17.4>	12.6	13.2	12.7>
2. 西	夫妻自立	14.5	16.0	16.1	17.5	19.0<	22.6	23.0>	19.5<
3. 南	根据性别分摊责任	39.2	37.6>	29.2>	25.0>	19.9>	16.7>	14.7	15.5>
4. 北	家庭内部分工协作	21.2	22.9<	29.3<	34.5<	41.1<	45.3	45.8<	48.4<
5. 其他		0.0	0.1	0.1	0.3	0.3	0.2	0.2	0.4<
6. 不知道、无回答	不知道	3.1	2.7	2.3	2.4	2.3	2.7	3.1	3.4

人际关系(亲戚)

第 9 问 您希望与亲戚保持怎样的交往程度?从以下选项中选出您认为合适的选项。

1. 进行表面上的交往	形式交往	8.4	8.6<	9.9<	12.5<	15.8	17.3<	20.0	21.6<
2. 可以愉快往来	部分交往	39.7	40.1<	45.2	45.3	46.5	46.4	46.8>	42.8<
3. 能够相互倾诉互相帮助	全面交往	51.2	50.5>	44.3>	41.2>	36.6	35.6>	32.2<	34.8>
4. 其他		0.1	0.1	0.2	0.1<	0.3>	0.1	0.2	0.1
5. 不知道、无回答	不知道	0.7	0.7>	0.3<	0.8	0.8	0.7	0.9	0.8

权威·平等（社会地位）

第 10 问 以下为甲、乙两人，如果要从中选出结婚的媒人，您会如何选择？

甲：社会地位低，但是了解双方。

乙：虽然不了解双方但是社会地位高。

1. 甲好	平等	84.7	84.4	84.7>	82.3	83.7<	86.1	87.0	87.1<
2. 乙好	权威	10.4	11.0	11.0<	13.0	11.7>	9.8>	8.2	8.8>
3. 不知道、无回答	不知道	4.9	4.6	4.3	4.7	4.6	4.1	4.8	4.2

男女 （名字）

第 11 问 男女在婚后如何看待称呼的改变？从以下选项中选出您认为合适的选项。

	简称	73 年	78 年	83 年	88 年	93 年	98 年	03 年	08 年
1. 妻子应该随夫姓	当然·随夫姓	45.6	43.7<	46.6>	41.6>	36.2>	32.6>	29.2<	32.5>
2. 在当前妻子随夫姓会比较好	现状·夫姓	26.5	27.4	27.4	28.9	27.1>	24.6	24.7	24.9
3. 夫妻应该统一姓氏，但是任何一方都可以	任何一方	22.7	23.9>	21.2	22.8<	26.3<	29.2	29.8	28.3<
4. 没必要统一，可以维持现状	可以不统一	2.9	3.2	3.3>	4.7>	7.8<	11.5<	13.3>	11.3<
5. 其他		0.0	0.1	0.1	0.2	0.3	0.4	0.3	0.4<
6. 不知道、无回答	不知道	2.2	1.8	1.3	1.7	2.3>	1.6<	2.7	2.5

第 12 问 已婚女士如何看待持续工作的问题？从以下选项中选出您认为合适的选项。

1. 婚后应专心于家庭	专注家庭	35.2>	30.1	28.6>	23.9>	18.3>	13.4	12.6	12.0>
2. 即使结婚，如果没有孩子的话一直工作比较好	育儿优先	42.0	40.5	39.8	39.4	41.0>	37.8>	34.9	36.6>
3. 即使结婚生子还是持续工作较好	两立	20.3<	27.1<	29.3<	33.3<	37.1<	45.5<	48.5	48.1<
4. 其他		0.2<	0.6	0.8<	1.3	1.2	1.0	1.3	1.0<
5. 不知道、无回答	不知道	2.3>	1.7	1.5	2.0	2.4	2.3	2.8	2.3

第13问 对于父亲是否应该帮忙家务照看孩子,甲和乙给出了各自的意见。您赞成哪一方?

甲:帮忙家务照看孩子不是一家之主该做的事。

乙:夫妇应该互相帮助,丈夫帮忙家务照看孩子是理所应当的。

	简称	73年	78年	83年	88年	93年	98年	03年	08年
1. 赞成甲	不该做	38.0>	33.1>	28.1>	21.9>	17.7>	12.0>	9.6	9.7>
2. 赞成乙	应该做	53.2<	59.6<	67.4<	72.3<	76.6<	84.4<	86.1	86.3>
3. 不知道、无回答	不知道	8.8>	7.3>	4.5<	5.8	5.7	3.6	4.3	4.0>

理想父亲

第14问 假如有一个今年就要毕业走入社会的男孩。您认为父亲应该采取怎样的态度合适。从以下选项中选出您认为合适的选项。

	简称	73年	78年	83年	88年	93年	98年	03年	08年
1. 以身作则教导孩子	模范	8.3<	9.6	9.2>	6.7	6.6	5.5	5.0	5.9>
2. 作为经验丰富的长辈给出建议	忠告	41.0<	44.2	45.0	43.0	41.6	41.3<	44.9<	47.8<
3. 作为同伴交往	伙伴	32.1>	29.7>	27.3	28.3	27.7	29.0>	25.6>	22.1>
4. 相信孩子不予以干涉	不干涉	15.0	13.9<	16.4<	19.6<	21.8	22.0	21.7	21.5>
5. 其他		0.1>	0.0<	0.1	0.2	0.1	0.2	0.2	0.3<
6. 不知道、无回答	不知道	3.5>	2.6	2.0	2.1	2.1	1.9<	2.7	2.5>

老年生活

第15问 下表中列出了各种老年生活方式。从中选出您认为最合适的选项。

	简称	73年	78年	83年	88年	93年	98年	03年	08年
1. 与儿孙一起快乐生活	与儿孙过	37.9	36.4	34.6>	31.2>	27.3>	23.9	24.2<	27.6>
2. 夫妇二人和睦生活	夫妇	10.0>	8.7<	11.1<	13.5<	16.1	17.1	17.5<	19.9<
3. 抱有兴趣爱好快乐生活	兴趣	19.8<	22.4	22.2<	25.2<	29.1<	31.8	33.2>	28.6<
4. 与老年朋友一起度过	老年伙伴	2.2	2.8	3.3	4.0	4.6	5.0	4.2	5.2<
5. 与年轻人交往,保持年轻的心	年轻人	7.7	6.9	6.1	6.6	6.5	6.1	5.8>	4.7>
6. 尽量保持工作	工作	20.4	21.6	21.7>	18.3>	14.8	15.0>	13.0	12.3>
7. 其他		0.1	0.2	0.2	0.1	0.1	0.2	0.2	0.2
8. 不知道、无回答	不知道	2.0>	1.1	0.8	1.0<	1.5>	0.9<	1.8	1.5

能效·情绪（工作伙伴）

第 16 问 假设您需要与下表所列的甲、乙两人工作。如果工作是长期而艰巨的项目，您会选择哪一位？

甲:虽然难以交往,但是能力很强。

乙:虽然能力较弱,但是人品很好。

1. 选择甲	能效	26.9	25.2	24.4	25.0	24.6	25.2<	29.0	28.1
2. 选择乙	情感	68.0<	70.4	72.1	71.1	70.8	71.1>	66.9	68.1
3. 不知道、无回答	不知道	5.0	4.4>	3.5	3.9	4.6	3.7	4.1	3.9>

人际关系

第 17 问 您希望与职场的同事保持怎样的关系？

	简称	73 年	78 年	83 年	88 年	93 年	98 年	03 年	08 年
1. 工作范围内的交往	形式交往	11.3	10.4<	13.6	15.1<	17.8<	20.3	21.7<	24.1<
2. 工作结束后能够聊天、娱乐	部分交往	26.4<	31.4	32.3<	37.6	38.8	38.9	37.5>	34.3<
3. 能够互相分忧互相帮助	全面交往	59.4>	55.3>	52.3>	44.6>	40.4	38.3	37.8	38.9>
4. 其他		0.1>	0.0	0.0	0.1	0.2	0.1	0.1	0.1
5. 不知道、无回答	不知道	2.8	3.0>	1.8<	2.5	2.9	2.4	2.9	2.6

结社·斗争性（职场）

第 18 问 假设您被新成立的公司雇佣。假如过了一段时间后,打工者们对于收入以及劳动强度有所不满,您会如何行动？从以下选项中选出您认为合适的选项。

1. 因为公司刚成立,所以劳动条件会逐渐好转	静观	37.2<	41.6<	47.6	48.2<	45.4<	49.3	50.2	50.2<
2. 向上司提意见,希望更改劳动条件	提意见	23.6>	21.6	22.4	23.6<	26.1	25.1	25.5	26.4<
3. 组成劳动工会要求改善劳动条件	活动	31.5	30.7>	25.1>	22.0	21.9	20.5>	18.2	17.8>
4. 其他		0.1	0.1	0.2	0.3	0.4	0.4	0.3	0.3>
5. 不知道、无回答	不知道	7.7>	5.9>	4.6<	5.9	6.2>	4.7<	5.8	5.3>

理想的工作

第 19 问 在各种各样的工作中,您认为怎样的工作才是最理想的? 请从中选出第 1 位和第 2 位。

第 1 位

	简称	73 年	78 年	83 年	88 年	93 年	98 年	03 年	08 年
1. 劳动时间短	时间	5.2＞	4.2	3.9	3.8＜	5.0	4.3	3.7	4.0＞
2. 稳定的工作	失业	11.0＜	17.6	16.3＞	14.4＞	12.3＜	15.9	17.0	16.0＜
3. 不会损害健康的工作	健康	28.2＞	21.7	21.1	19.6	20.3＞	18.4＞	15.5	16.9＞
4. 高收入的工作	收入	6.2	6.8	7.5	8.0＜	9.9＞	7.2	8.3	7.8＜
5. 与同伴快乐工作	同伴	14.5	15.2＜	16.8＜	19.1＜	21.2	20.8	20.3	21.4＜
6. 作为负责人的工作	责任	2.0	2.5＜	3.3	4.0＞	2.8	2.5	2.2	2.5
7. 独立无需估计别人的工作	独立	9.7	8.5	7.8	6.7＞	4.6	5.2＜	4.2	3.3＞
8. 发挥专业知识技术的工作	专业	14.7	15.9	17.5	18.0	16.6	18.2＜	20.1＞	17.7＜
9. 受社会追捧的工作	名声	0.1	0.1	0.2	0.2	0.1	0.1	0.1	0.2
10. 为社会贡献的工作	贡献	6.2＞	5.1	4.2	4.6	5.3	5.9	7.0	7.9＜
11. 其他		0.1	0.1	0.1	0.2	0.1	0.1＞	0.0	0.0
12. 不知道、无回答	不知道	2.1	2.2＞	1.3	1.5	1.8	1.5	1.6＜	2.5

第 2 位

	简称	73 年	78 年	83 年	88 年	93 年	98 年	03 年	08 年
1. 劳动时间短	时间	8.3＞	6.8	6.8	7.3＜	9.4	8.6＞	6.7	7.3
2. 稳定的工作	失业	20.2＜	28.6	27.0＞	23.7＞	21.5＜	26.2＜	29.3	27.3＜
3. 不会损害健康的工作	健康	46.5＞	38.6	37.9	36.1	36.4＞	33.9＞	31.4＜	33.7＞
4. 高收入的工作	收入	19.2	19.6＜	22.0	23.2	23.9＞	20.2＜	22.2＞	19.7
5. 与同伴快乐工作	同伴	36.6	36.8	38.6＜	42.5	43.8	43.5	41.3	42.5＜
6. 作为负责人的工作	责任	4.5＜	5.5	6.4	7.0	6.2	5.6	5.6	5.1
7. 独立无需估计别人的工作	独立	17.3＞	15.7＞	14.0	12.7＞	9.1	10.0＞	8.0＞	6.4＞
8. 发挥专业知识技术的工作	专业	26.0＜	28.4	29.9	30.2＞	28.1＜	30.9	31.5＞	29.2＜
9. 受社会追捧的工作	名声	0.4	0.7	0.8	0.5	0.8＞	0.3	0.6	0.6
10. 为社会贡献的工作	贡献	15.6＞	13.4	12.8	12.2＜	16.0	16.7＜	19.1＜	21.6＜
11. 其他		0.1	0.1	0.2	0.2	0.1	0.1	0.1	0.0
12. 不知道、无回答	不知道	3.2	3.4＞	2.4	2.8	2.8	2.8	2.6＜	4.2＜

休闲方式（现状）

第 20 问　关于休闲时光，您是如何度过的？请从下表中选出您第 1 和第 2 种经常选择的方式。

第 1 位

	简称	73 年	78 年	83 年	88 年	93 年	98 年	03 年	08 年
1. 做喜欢的事情	喜欢的事	42.9	44.0＞	40.9＜	44.3	43.9	44.9	43.9＜	47.0＜
2. 好好休息，为明天准备	休息	26.6＞	24.1	23.6＞	20.1	19.6	18.8	19.0	17.6＞
3. 运动·锻炼身体	运动	4.5＜	6.8	7.8	7.3	7.3	7.8	7.4	7.3＜
4. 学习知识丰富心灵	知识	10.3＞	8.8	9.6	9.3	8.9	8.1	8.0	7.7＞
5. 加深与亲人朋友的关系	朋友·家庭	12.1	13.2＜	15.6	16.6	18.1	18.3	18.7	17.6＜
6. 参加有利于社会的活动	社会活动	1.9	1.9	1.7	1.5＞	0.9＜	1.6	1.7	1.4
7. 其他		0.1＜	0.4	0.4	0.3	0.3	0.2	0.3	0.3
8. 无回答	NA	1.6＞	1.0＞	0.5	0.7	0.9＞	0.2＜	1.0	1.2

第 2 位

	简称	73 年	78 年	83 年	88 年	93 年	98 年	03 年	08 年
1. 做喜欢的事情	喜欢的事	61.5	62.3＞	59.8＜	63.5	63.4＜	66.7	66.1	66.7＜
2. 好好休息，为明天准备	休息	47.9＞	44.3	43.7＞	41.2	41.1	39.8	40.6	39.9＞
3. 运动·锻炼身体	运动	12.8＜	16.7	17.5	17.5	17.0	17.0	17.2	18.4＜
4. 学习知识丰富心灵	知识	26.6	24.8	23.6	23.2	21.4	21.6	20.7	19.4＞
5. 加深与亲人朋友的关系	朋友·家庭	39.8	41.5＜	46.8	46.2＜	48.6	47.0	45.4	45.0＜
6. 参加有利于社会的活动	社会活动	6.5	6.2＞	5.2	4.8	4.6	5.5	6.0	5.4
7. 其他		0.1＜	0.4	0.5	0.4	0.5	0.4	0.5	0.5＜
8. 无回答	NA	3.1	2.8	2.4	2.5	2.5	1.9＜	2.6＜	3.5

娱乐方式（将来）

第 21 问　您将来希望以怎样的方式度过自由的时间呢？请从下表中选出一项。

	简称	73 年	78 年	83 年	88 年	93 年	98 年	03 年	08 年
1. 做喜欢的事情	喜欢的事	37.3	35.5	35.4＜	38.9	38.7	38.0	38.3	38.0
2. 好好休息，为明天准备	休息	6.9	6.0	5.4	4.7	5.2	4.9	5.4	5.9
3. 运动·锻炼身体	运动	4.5＜	8.0	7.3	7.2	6.8	7.0	6.5	7.3＜
4. 学习知识丰富心灵	知识	23.9	23.6	24.5	22.9＞	20.0	20.4	18.6	17.0＞
5. 加深与亲人朋友的关系	朋友·家庭	15.7	16.0	17.6	18.1	18.1	19.3	20.6	20.3＜
6. 参加有利于社会的活动	社会活动	8.9	8.9	8.5＞	6.8＜	9.5	9.2	9.0	9.5
7. 其他		0.0＜	0.2	0.2	0.2	0.4	0.2	0.1	0.3＜
8. 无回答	不知道	2.7＞	1.8＞	1.0	1.2	1.4	1.1	1.4	1.6＞

工作与娱乐

第 22 问　下表中列出了许多工作休闲的方式，请从中选出您最希望的方式。

1. 与工作想必更希望从休闲中寻找生活价值	休闲绝对	4.0	4.1＜	5.6	5.7＜	7.4＜	8.8	8.6	9.4＜
2. 迅速完成工作，尽可能享受休闲时光	休闲优先	28.1＞	25.3	25.5＜	28.3	28.7	28.3＞	25.6	26.1
3. 工作休闲两不误	两立	20.9＜	24.9＜	27.9＜	32.4＜	35.3	35.1＜	37.5＞	34.9＜
4. 偶尔休闲娱乐，更加注重工作	工作优先	35.7	34.9＞	31.2＞	26.1＞	21.2	20.5	21.1	21.4＞
5. 在工作中寻找生活价值	工作绝对	8.2	8.5	7.8＞	5.1	4.6	5.1	4.4	4.7＞
6. 其他		0.0	0.0	0.1	0.1	0.1	0.0	0.0	0.1
7. 不知道、无回答	不知道	3.2＞	2.3	1.9	2.2	2.7	2.3	2.7	3.4

效率・情感（旅行）

第 23 问 以下为两种旅游方式。假定时间与费用相同，您会选择哪一种旅游方式。

甲：为了能够尽可能地享受旅行，先制定完善的计划。

乙：根据旅途中的风光与心情决定如何旅行。

	简称	73 年	78 年	83 年	88 年	93 年	98 年	03 年	08 年
1. 甲好	能效	61.0<	63.3<	60.7	59.5	57.7	56.2	56.8	58.9
2. 乙好	情感	34.6	33.4<	36.2	37.5	38.6<	41.0	39.6	37.7<
3. 不知道、无回答	不知道	4.4>	3.3	3.1	3.0	3.7>	2.8	3.6	3.4>

理想男子（男子教育）

第 24 问 假设现在您有一个上初中的儿子。您希望让他接收怎样的教育。请从以下选项中进行选择。

1. 中学	0.5	0.3	0.3	0.1	0.3<	0.6	0.3<	0.7
2. 高中	17.1>	14.6	15.4>	11.4	11.5<	13.6>	11.4	11.8>
3. 专科・技校	8.7	9.2	9.7	8.5	8.9	10.0	9.2	8.7
4. 大学	64.1<	67.5	68.0<	72.2>	70.0>	67.1	67.7	67.9<
5. 研究生・博士	6.1	5.9>	4.5	5.3	5.7	5.7<	7.7	7.0
6. 其他	0.1<	0.4<	0.8	0.8<	1.4	1.5	1.7	1.4<
7. 不知道、无回答	3.4>	2.2<	1.4	1.7	2.2	1.6	2.0	2.5>

理想男女（女子教育）

第 24 问 假设现在您有一个上初中的女儿。您希望让他接收怎样的教育。请从以下选项中进行选择。

1. 中学	1.0>	0.5	0.5>	0.2	0.3	0.4	0.3	0.6
2. 高中	42.3>	33.6>	30.2>	20.8>	18.4	17.8>	13.9	13.3>
3. 专科・技校	30.0<	38.5<	43.3	43.9>	39.8>	34.1>	30.3>	27.0>
4. 大学	21.7<	23.5	22.8<	31.0<	35.4<	41.1<	47.7<	51.7<
5. 研究生・博士	1.4	1.3	1.1<	1.7<	2.4	3.1	3.9	3.6<
6. 其他	0.2	0.4	0.6	0.8<	1.4	1.7	1.9	1.4<
7. 不知道、无回答	3.4>	2.1>	1.5	1.7	2.3	1.7	2.0	2.4>

人的理想状态

第 26 问　在现今社会中，您希望自己的孩子成为怎样的人？请从以下选项中做出选择。

	简称	73 年	78 年	83 年	88 年	93 年	98 年	03 年	08 年
1. 遵守秩序的人	秩序型	21.5<	23.7<	30.0>	23.2<	21.2	22.3<	26.7<	29.2<
2. 相互尊重权益与生活的人	权利型	16.8	16.4	16.4	17.0<	19.8	19.7	18.7	17.5
3. 在社会中掌握一技之长的人	实用型	22.2	21.0>	18.8	18.1	17.8	18.2	16.8>	14.4>
4. 有教养、精神生活丰富的人	教养型	36.7	36.9>	33.4<	40.0	39.0	38.7>	36.3	36.6
5. 其他		0.0	0.1<	0.4	0.2	0.3	0.3	0.2	0.4<
6. 不知道、无回答	不知道	2.8>	1.9>	1.1	1.5	1.8>	0.8<	1.3	1.8>

宗教行为

第 27 问　在与宗教信仰有关的行为中，您正在从事哪些？如果有，请从下表中进行选择。

		73 年	78 年	83 年	88 年	93 年	98 年	03 年	08 年
1. 平时进行礼拜、修行传教等活动	礼拜·传教	15.4	16.0	17.0>	14.9>	13.2>	11.4	12.4	12.3>
2. 即兴参拜、祈祷	祈祷	16.6	15.8	15.8>	14.2	14.1	12.7	12.0	12.4>
3. 每年扫墓 1—2 回	扫墓	62.0<	64.8<	67.7>	65.0<	69.7>	67.5	67.6	68.4<
4. 经常读圣经等和宗教有关的书籍	圣经	10.7	10.6	10.4>	8.9>	7.4	6.8	6.4	5.4>
5. 最近 1、2 年间为了安全、生意、考试等祈祷	祈愿	23.0<	31.2	31.6	32.2>	28.4	29.1<	31.3	29.7<
6. 将护身符、带来缘分的物品放在身边	护身符	30.6<	34.4	36.2	34.6	32.8>	30.6<	35.0	34.9<
7. 在最近 1—2 年间有占卜和抽签	占卜·抽签	19.2<	22.8	21.9	20.5	22.2	22.7	23.4	25.3<
8. 没有参与任何与宗教有关的活动	未参加	15.4>	11.7>	9.6	9.9	8.8<	11.4	10.2>	8.7>
9. 其他		0.2	0.3	0.4	0.5	0.4<	0.8	0.6	0.7<
10. 无回答	NA	1.4	1.8>	1.0<	1.9<	2.6>	1.7	3.0	3.3<

信仰·信心

第 28 问 在与宗教·信仰方面,您都相信哪些? 如果有的话,请从下表进行选择。

	简称	73 年	78 年	83 年	88 年	93 年	98 年	03 年	08 年
1. 神	神	32.5<	37.0	38.9>	36.0	35.2>	31.5	30.9	32.5
2. 佛	佛	41.6<	44.8	43.8	44.6	44.1>	38.7	38.6<	42.2
3. 圣经·典籍	圣经	9.7	9.3	8.9>	7.5	6.4	6.6	6.4	6.4>
4. 极乐净土·来生	另一个世界	6.6<	9.0<	11.7	11.9<	13.4<	9.7	10.9<	14.6<
5. 奇迹	奇迹	12.8<	14.9	15.1	14.4>	12.6<	14.3	15.3<	17.5<
6. 护身符等	护身符	13.6<	15.8	15.5	14.4	15.8>	13.7	15.0<	17.4<
7. 占卜·易经	占卜	6.0<	8.3	8.3>	7.0	5.9	6.0<	7.4	6.6
8. 不相信任何与宗教有关的东西	不信	30.4>	23.9	23.3<	25.8	24.3<	29.5>	25.6	23.5>
9. 其他		0.2	0.3<	0.6	0.4<	0.8<	1.4>	0.9	1.3<
10. 不知道、不回答	不知道	5.3	5.8<	4.3<	5.4<	6.8	5.8<	8.0	7.9<

婚前关系

第 29 问 对于尚未结婚的年轻人,您是怎样想的? 请从中选出您认为与自身想法最接近的一项。

	简称	73 年	78 年	83 年	88 年	93 年	98 年	03 年	08 年
1. 完成结婚仪式前都不能有性行为	不可	58.2>	50.3>	46.5>	38.7>	32.3>	25.6	24.2	22.6>
2. 有婚约在身便可以有性行为	婚约可	15.2<	19.5	21.2	22.6	22.8	22.5	22.7	22.7<
3. 相互深爱的男女可以有性行为	爱情可	19.0<	23.1<	25.2<	30.9<	35.1<	42.8	43.7	44.2<
4. 可以无条件发生性关系	无条件可	3.3	3.8	4.0	3.6<	5.1	4.8	4.6	4.4<
5. 其他		0.1>	0.0	0.0<	0.1	0.1	0.2	0.2	0.4<
6. 不知道、不回答	不知道	4.3>	3.2	3.1<	4.1	4.6	4.2	4.6	5.6<

权威·平等(年长者)

第 30 问 对于甲、乙两种观点,您是怎样认为的?

甲:对年长者就该使用敬语并注意言行。

乙:对年长和年轻的人还是使用相同的说话方式比较好。

	简称	73 年	78 年	83 年	88 年	93 年	98 年	03 年	08 年
1. 甲好	权威	84.2<	86.8<	88.8	87.9>	86.3	86.9	87.2	87.9<
2. 乙好	平等	13.7>	11.7>	10.0	9.8<	11.2	11.3	10.0	9.3>
3. 不知道、不回答	不知道	2.1>	1.5	1.2<	2.3	2.5>	1.8<	2.8	2.8

人际关系（邻居）

第 31 问　您希望怎样与周围人相处，请从下表选出与您想法一致的选项。

1. 见面时打招呼	形式交往	15.1	15.1<	19.6	19.2	19.8<	23.2	25.2	25.6<
2. 能够说得上话的交往	部分交往	49.8<	52.5>	47.5<	53.4	54.2	53.3	54.0	53.7<
3. 能够放心聊天，互相帮助	全面交往	34.5>	31.9	32.4>	26.8	24.9>	22.8>	19.6	19.4>
4. 其他		0.0	0.0	0.0	0.0<	0.1	0.1	0.0	0.1
5. 不知道、不回答	不知道	0.5	0.5	0.4	0.6<	1.1>	0.6<	1.1	1.3<

效率·情感（集会）

第 32 问　假设为了了解当地的情况，将周围 10 人聚集在了一起。此时为了推进集会的进行，您会采取甲的方法还是乙的方法。

甲：夹杂着玩笑，即使花些时间也要让集会顺利进行。

乙：不多说废话，迅速总结大家意见。

1. 甲好	情感	44.5	46.6<	49.6	51.4	50.9	51.2	52.6	54.4<
2. 乙好	效率	51.7	50.0	48.0>	45.1	44.6	45.9>	43.5	42.1>
3. 不知道、不回答	不知道	3.8	3.4>	2.5<	3.5<	4.5>	2.9>	3.9	3.5

结社·斗争性（地区）

第 33 问　假设生活在这一区域的人们受到了公害问题的影响。这时，您会怎样处理？请从下表选出与您想法一致的选项。

	简称	73年	78年	83年	88年	93年	98年	03年	08年
1. 希望和平解决问题，先静观其变	静观	23.2<	31.1	32.6	32.9	33.1	31.5>	28.5<	31.1<
2. 向当地官员、政府反应，寻求帮助	求助	36.3	37.0	38.1	38.5>	35.3	36.1<	42.2	43.5<
3. 和大家发动居民运动，解决问题	活动	35.8>	28.2	26.4	24.8	26.5<	29.1>	25.5>	21.8>
4. 其他		0.0	0.1	0.2	0.3	0.4	0.2	0.1	0.2<
5. 不知道、不回答	不知道	4.7>	3.7>	2.7<	3.5<	4.7>	3.1	3.7	3.4>

国家主义

第 34 问 您是怎样看待日本和日本人的？请从 A—F 各项中选出合适的选项。

A. 在日本出生很幸福

1. 是	90.5< 92.6< 95.6 95.0< 96.5> 95.3 95.3 95.5<
2. 不是	4.6 4.0> 2.3 2.8> 1.6< 2.7 2.1 2.3>
3. 不知道、不回答	4.8> 3.4> 2.1 2.3 1.9 2.0 2.6 2.2>

B. 日本是一流国家

1. 是	41.0< 46.9< 56.8> 50.2 49.2> 37.5 35.8< 39.3
2. 不是	49.8> 43.1> 35.7< 41.8 43.0< 54.4 55.9> 52.8<
3. 不知道、不回答	9.1 10.0> 7.6 8.0 7.8 8.1 8.3 8.0

C. 日本的古寺和民居让人倍感亲切

1. 是	87.5 88.4> 86.7> 83.8 83.1 83.5< 85.4 86.9
2. 不是	9.3 8.7< 10.5< 12.8 13.2 13.6> 11.2 10.0
3. 不知道、不回答	3.2 2.9 2.8 3.4 3.7 3.0 3.4 3.2

D. 日本民族与别的民族相比素质更为优秀

	73年	78年	83年	88年	93年	98年	03年	08年
1. 是	60.3<	64.8<	70.6>	61.5>	57.1>	51.0	51.2<	56.7>
2. 不是	26.5>	22.3>	20.2<	28.6<	33.2<	39.0	39.1>	34.0<
3. 不知道、不回答	13.2	12.9>	9.2	9.9	9.7	10.0	9.8	9.3>

E. 想以自己的方式为日本做贡献

1. 是	72.6> 69.0< 71.8> 65.7< 69.0> 66.0 66.1< 69.6>
2. 不是	17.8< 19.6 20.0< 23.5 22.0< 25.6 24.3> 20.8<
3. 不知道、不回答	9.6< 11.4> 8.2< 10.9> 9.0 8.4 9.6 9.6

F. 即使是现在，日本也有许多需要向外国学习的地方

1. 是	70.0 70.2 70.6< 76.1 76.4< 80.2> 77.4> 74.5<
2. 不是	19.4 17.8< 20.0> 15.1 14.6> 12.7< 14.8< 16.6>
3. 不知道、不回答	10.5< 12.0> 9.4 8.8 9.0> 7.1 7.8 8.9>

对天皇的感情

第35问 您现在对于天皇抱有怎样的感情？

	简称								
1. 持有尊敬之情	尊敬	33.3>	30.2	29.3	27.5>	20.5	19.2	20.2<	24.7>
2. 抱有好感	好感	20.3	21.9	20.9	22.1<	42.7>	34.5<	41.0>	33.5<
3. 没什么特别感觉	无感情	42.7	44.1<	46.4	46.5>	33.7<	44.2>	36.3	38.6>
4. 持有反感	反感	2.2	2.4	2.2	2.1>	1.5	1.1	0.8	1.0>
5. 其他		0.1	0.2	0.2	0.2	0.1	0.2	0.2	0.2
6. 不知道、不回答	不知道	1.3	1.3	1.1<	1.7	1.6>	0.9<	1.6	2.1<

关于权利的知识

第36问 在下表中列出了多个选项，请从中选出宪法中规定的国民权利。

	73年	78年	83年	88年	93年	98年	03年	08年
1. 言论自由	49.4>	45.8	44.0	43.4>	39.0	37.2	36.2	34.8>
2. 交税	33.9	35.5<	39.8<	37.2<	39.5<	42.0	42.2	42.8<
3. 服从上级	5.6	5.7<	8.3	7.7	6.7	7.0	6.6	7.1<
4. 在右侧行走	19.9	19.3	18.8>	16.5	15.3	15.5	14.6	14.9>
5. 生活权利	69.6	69.6<	77.2	76.3	75.2	75.5	75.5	77.1<
6. 组成工会	39.4>	36.0>	28.9	27.1	25.5>	23.0>	20.4	21.8>
7. 不知道、不回答	7.8	7.0>	4.3<	6.0	5.7	4.3	5.0	5.4>

政治有效感觉（选举）

第37问 您认为国民的投票会对国会议员选举时产生影响吗？

	简称								
1. 影响非常大	强	40.0>	34.9>	27.7>	23.2	23.9>	19.4	18.1<	21.1>
2. 有不少影响	较强	25.7	26.1	25.5	26.8	26.0>	21.3	22.7<	26.6
3. 有一点影响	有点弱	23.2<	27.5<	35.3	37.2	36.8<	41.2	41.6>	37.6<
4. 完全没影响	弱	4.8<	6.2	7.2	8.2	8.8<	14.1	13.1>	11.2<
5. 不知道、不回答	不知道	6.3	5.4>	4.3	4.6	4.5	3.9.	4.5>	3.4>

政治有效感（游行等）
第 38 问

1. 影响非常大	强	14.4>	12.8>	7.8>	6.6	6.7>	4.9	5.3<	6.6>
2. 有不少影响	较强	32.5>	30.0>	24.3	23.9>	21.7>	17.3	17.6<	20.7
3. 有一点影响	有点弱	40.0<	44.0<	53.6	53.5	54.2<	57.0<	59.5>	54.6<
4. 完全没影响	弱	5.9<	7.0<	8.9	9.7	10.8<	15.4>	12.5	13.0<
5. 不知道、不回答	不知道	7.2	6.2>	5.5	6.4	6.6>	5.4	5.1	5.1>

政治有效感（舆论）
第 39 问　您认为一般国民的意见和希望能够怎样反映到国家政治上？

	简称	73年	78年	83年	88年	93年	98年	03年	08年
1. 充分反应	强	3.6	3.6	3.1	2.9	2.9>	1.8	1.6	1.9>
2. 比较能够反应	较强	17.5	17.7>	15.8>	13.7	13.1>	8.8	8.4	8.8>
3. 较少反应	较弱	52.4<	56.3<	58.7	59.8	59.4>	52.7<	57.1	57.5<
4. 完全没有反应	弱	19.2<	15.7<	17.5	18.4	18.9<	32.9>	28.7	28.1<
5. 不知道、不回答	不知道	7.3	6.7>	4.8	5.3	5.7>	3.9	4.2	3.7>

政治课题
第 40 问　您认为现在日本政治必须要着重投入的地方在哪里？

	简称								
1. 维护国内治安与秩序	维持秩序	12.6<	17.3	18.5>	13.1<	11.6	11.0<	17.1<	21.4<
2. 发展日本经济	经济发展	10.7<	21.1>	18.8>	11.5<	21.4<	48.0	48.1>	24.7<
3. 提高国民福利	提高福利	48.5>	31.9>	27.3<	37.2	36.7>	18.4>	13.7<	28.1
4. 保护国民权利	保护权利	11.5>	8.9<	11.3<	13.0>	9.0>	7.3	7.7<	12.2
5. 提高学问和文化程度	文化提升	1.4<	2.0>	1.4	1.9>	1.1	1.2<	2.0	2.5<
6. 增加国民参与政治的机会	增加机会	6.0	6.9<	9.8	9.0<	10.9>	9.2>	5.9	5.9
7. 促进与外国的友好关系	促进关系	2.7<	5.3<	8.3	9.2>	4.7>	1.5	1.4	1.3>
8. 其他		0.4	0.2<	0.5	0.4	0.5	0.4	0.5	0.5
9. 不知道、不回答	不知道	6.1	6.5>	4.2	4.8	4.1>	2.9	3.6	3.4>

第 41 问 以下为一般国民的政治活动的现状。您最希望看到的是哪一条?

	简称	73年	78年	83年	88年	93年	98年	03年	08年
1. 通过选举选出优秀的政治家,作为自身利益的代表	静观	62.6	61.0	60.5	60.4	61.1	59.6	59.7	59.1>
2. 当发生问题时向支持的政治家发出呼唤,希望自己的声音能得以反映	求助	11.5<	14.6	14.6<	16.9	15.5<	18.0	18.5	19.9<
3. 平时维护自己支持的党派,并积极参加政治活动,实现自身政治目的	活动	17.0	16.6	18.0>	15.4	14.9	14.7>	12.7	12.6>
4. 其他		0.1	0.1	0.1	0.1<	0.4	0.3	0.5	0.3<
5. 不知道、不回答	不知道	8.8>	7.6	6.7	7.2	8.2	7.3<	8.6	8.1

第 42 问 请选出您支持的党派。

	73年	78年	83年	88年	93年	98年	03年	08年
1. 自民党	34.3<	38.2<	40.6	38.7>	28.4>	24.0	25.0	26.0>
2. 民主党	—	—	—	—	—	8.2>	4.9<	15.4<
3. 公明党	3.5<	4.4	4.2	3.7>	2.9	2.3<	3.7	3.5
4. 共产党	4.2>	2.1	2.6	2.2	1.9<	3.4>	1.3<	2.1>
5. 社民党(社会党)	19.8>	14.1>	12.5>	10.9>	8.3>	3.5>	1.8	1.4>
6. 国民新党	—	—	—	—	—	—	—	0.1
7. 新党日本	—	—	—	—	—	—	—	0.0
8. 其他政治团体	3.1<	4.6<	5.6>	2.8<	13.5>	2.8	2.8>	0.3>
9. 无支持政党	31.6<	33.8	32.2<	37.8<	40.7>	52.3<	56.9>	45.5<
10. 不知道、不回答	3.5	2.9	2.5<	3.8	4.4>	3.4	3.7<	5.5<

关于社民党的数据,1973—1993年是社会党的数据。而公明党数据方面,1998年为公明的数据。而关于其他党派,虽然都在调查数据中,但是在2008年调查时,有的政党已经退出了历史舞台。

似乎可以支持的政党（无党派人士）

第 43 问 您觉得您可能会支持哪一党派？

	73 年	78 年	83 年	88 年	93 年	98 年	03 年	08 年
1. 自民党	7.2<	9.1	9.4<	12.0>	5.7<	7.0<	11.4>	9.3<
2. 民主党	—	—	—	—	—	7.4>	4.2<	8.7
3. 公明党	0.4	0.6	0.8>	0.4	0.4	0.4	0.4	0.3
4. 共产党	2.3>	0.9	0.9	1.0	0.7<	2.4>	1.3	0.9>
5. 社民党(社会党)	6.0>	5.0>	3.7<	5.0>	2.3	1.9>	1.1	0.9>
6. 国民新党	—	—	—	—	—	—	—	0.1
7. 新党日本	—	—	—	—	—	—	—	0.1
8. 其他政治团体	1.4<	3.8	3.8>	1.8<	10.4>	2.1	1.6>	0.4>
9. 无支持政党	9.8	10.4	9.9<	12.7<	16.4<	26.4<	31.8>	18.6<
10. 不知道、不回答	4.5	3.9	3.7<	4.9	4.7	4.7	5.1<	6.3<
11. 无选项［第 42 问中选择 9 选项以外的人］	68.4>	66.2	67.8>	62.2>	59.3>	47.7>	43.1<	54.5>

政治活动

第 44 问 在这一年中,您参加过以下的政治活动吗？如果有请进行选择。

	简称								
1. 参加游行	游行	4.0	3.5>	2.4	1.8>	0.7	0.9	0.7	0.6>
2. 参加署名活动	署名	24.4	25.1<	29.6<	32.0>	21.2<	24.5>	21.6>	18.5>
3. 投稿传媒	投稿	0.8	0.7	0.7	0.6	0.4	0.6	0.5	0.4>
4. 陈情·抗议·情愿	陈情	4.5	4.4	4.4	3.8>	2.4	2.1	2.2>	1.4>
5. 捐款	捐款	14.2	13.4	14.5>	12.8>	9.0	9.3>	7.4	8.2>
6. 出席集会	集会	12.6	12.2<	17.2>	13.7>	12.1>	9.5<	11.4>	8.3>
7. 购买阅读政党·团体的新闻杂志	机关杂志	11.0>	8.8	9.9>	7.6>	6.0	5.5	4.7	4.0>
8. 作为政党团体的一员进行活动	党员活动	3.1	2.6<	4.4>	2.9	2.5	1.9	2.2	1.8>
9. 没参加活动	无活动	60.1	60.6>	55.5	54.9<	63.7	64.6	65.4<	69.1<
10. 其他		0.0	0.1	0.1	0.1	0.2	0.1	0.2	0.2<
11. 无回答	NA	2.1	2.3>	1.2<	2.3	2.9>	1.9	2.2<	3.0<

第 45 问　请从下列国家中选出您最喜欢的国家。

	73 年	78 年	83 年	88 年	93 年	98 年	03 年	08 年
1. 美国	—	—	—	—	22.9	24.2	22.5>	17.7>
2. 澳大利亚	—	—	—	—	15.2>	10.6	9.8	8.6>
3. 瑞典	—	—	—	—	10.5	10.3	9.7	8.6>
4. 法国	—	—	—	—	5.0	4.6	4.6	5.0
5. 中国	—	—	—	—	3.8	3.7>	2.7>	1.6>
6. 加拿大	—	—	—	—	4.4	5.2>	3.8	3.5
7. 英国	—	—	—	—	4.4	4.9	4.8	5.1
8. 德国	—	—	—	—	2.0	2.3	2.9	3.2<
9. 新西兰	—	—	—	—	1.9	2.1	2.6	3.0<
10. 意大利	—	—	—	—	1.2<	3.6	4.5	5.1<
11. 韩国	—	—	—	—	♯	♯	1.0<	1.9<
12. 其他国家	—	—	—	—	5.3<	6.4	6.2<	8.8<
13. 无	—	—	—	—	20.3	20.0<	22.3	23.7<
14. 无回答	—	—	—	—	3.1>	2.0	2.6<	4.3<

♯ 由于韩国在 1993 年和 1998 年没能进入前 10，因此没有这两年的数据。

喜欢外国的理由

第 46 问　［第 45 问中选择 1—12 的人］请选择您喜欢外国的理由。

	简称	73 年	78 年	83 年	88 年	93 年	98 年	03 年	08 年
1. 去看过居住过感觉不错	居住	—	—	—	—	4.6<	6.5<	8.0	7.7<
2. 与那里的人有过接触，感觉不错	国民经验	—	—	—	—	2.9<	3.8	3.8	3.4
3. 自由・和平的国家	和平	—	—	—	—	7.6	6.7	6.7	6.2>
4. 经济发达・先进的国家	发达国机	—	—	—	—	2.8<	3.8	3.6	3.7<
5. 面积广，空间大	宽裕	—	—	—	—	11.3>	9.5>	7.0>	5.3>
6. 国民素质高	国民印象	—	—	—	—	4.0	3.7	3.2	3.0>
7. 美丽的自然以及优越的环境	自然环境	—	—	—	—	23.0	22.6	21.7	20.2>
8. 历史悠久，文化艺术造诣深厚	艺术文化	—	—	—	—	8.1	8.9	8.7<	10.6<
9. 与日本关系深刻	与日本的关系	—	—	—	—	7.1>	5.5	5.4>	3.9>
10. 语言相通	语言	—	—	—	—	0.4	0.3	0.3	0.3
11. 其他		—	—	—	—	2.1<	3.5	3.2	3.9<
12. 无特殊理由		—	—	—	—	2.6	2.5	2.9	2.7
13. 不知道、无回答	不知道	—	—	—	—	0.2<	0.6	0.6<	1.1<
14. 无选项［第 45 问中选择 13、14 的人］		—	—	—	—	23.3	22.0<	24.9<	28.0<

与外国人接触的经历

第 47 问 您与外国人在日本国内有过如下接触吗？请进行选择。

	简称	73 年	78 年	83 年	88 年	93 年	98 年	03 年	08 年
1. 与居住在附近的日本人打过招呼	打招呼	—	—	—	—	12.1<	16.0	17.4	18.3<
2. 曾经一起工作	职场	—	—	—	—	11.7<	14.2<	16.1<	18.1<
3. 在学校一起学习	学校	—	—	—	—	10.0<	12.4	13.4	14.4<
4. 在社团和地区一起活动过	活动	—	—	—	—	5.3<	6.8	7.8	7.6<
5. 在一起吃过饭	吃饭	—	—	—	—	9.3<	13.0	13.7	14.8<
6. 在外国人家留宿或邀请对方住家里	住宿	—	—	—	—	4.2<	6.0	6.6	7.3<
7. 自己或亲戚朋友与外国人结婚	结婚	—	—	—	—	3.5<	4.7	5.1	5.8<
8. 没有交往	无	—	—	—	—	61.3>	54.1>	51.0>	47.6<
9. 其他		—	—	—	—	0.9	0.8	0.9	0.7
10. 无回答	NA	—	—	—	—	1.6>	1.0<	1.6	1.9

与外国的交流

第 48 问 您对外国以及外国人抱有怎样的想法？请对 A—C 进行回答。

A. 想与各国人成为朋友

1. 是	—	—	—	—	—	—	65.4>	62.6>
2. 不是	—	—	—	—	—	—	29.1	31.1
3. 不知道、无回答	—	—	—	—	—	—	5.5	6.3

B. 想帮助贫困国家的人

1. 是	—	—	—	—	—	—	75.6	76.9
2. 不是	—	—	—	—	—	—	16.8	16.0
3. 不知道、无回答	—	—	—	—	—	—	7.6	7.1

C. 如果有机会想去外国工作、学习

1. 是	—	—	—	—	—	—	43.0>	39.6>
2. 不是	—	—	—	—	—	—	51.5<	54.9<
3. 不知道、无回答	—	—	—	—	—	—	5.6	5.5

结婚观（结婚）

第 49 问 对于结婚的看法，您是支持甲还是支持乙？

甲：结婚理所当然。

乙：不一定非要结婚。

	简称	73 年	78 年	83 年	88 年	93 年	98 年	03 年	08 年
1. 与甲接近	理所当然	—	—	—	—	44.6>	38.0	35.9	35.0>
2. 与乙接近	不一定	—	—	—	—	50.5<	57.9	59.4	59.6<
3. 不知道、无回答	不知道	—	—	—	—	4.9	4.1	4.8	5.4

结婚观（生儿育女）

第 50 问 您的想法更接近甲还是更接近乙？

甲：即使结婚也不一定要小孩。

乙：如果结婚就必须要孩子。

1. 接近甲	不一定要	—	—	—	—	40.2<	47.3<	49.8	48.4<
2. 接近乙	当然要	—	—	—	—	53.5>	47.8<	43.9	44.8>
3. 不知道、无回答	不知道	—	—	—	—	6.2>	5.0<	6.3	6.8

人际关系（友人）

第 51 问 您希望与朋友保持怎样的交往？

1. 经常联系的交往程度	形式交往	—	—	—	—	—	—	—	13.4
2. 轻松聊天、娱乐的程度	部分交往	—	—	—	—	—	—	—	44.0
3. 能够排忧解难，互相帮助	全面交往	—	—	—	—	—	—	—	40.6
4. 其他		—	—	—	—	—	—	—	0.1
5. 不知道、无回答	不知道	—	—	—	—	—	—	—	1.9

第 52 问 生活状态（省略）。

第 53 问 学历（请参照有效样本构成）。

第 54 问 本人职业（请参照有效样本构成）。

第 55 问 家庭主妇的维持生计职业（省略）。

附录Ⅱ　解析方法

　　每隔 5 年通过相同的问题进行舆论调查，比如说以下图（某一意见的赞成率）。

　　两次的调查结果都显示出支持率与年龄成正比，年龄越大支持率越高。由此可见，随着年龄的增长，部分人群会改变自己的想法。此外，在这 5 年间，支持率在所有年龄层中都减少了 5％。因此可以得出以下结论：5％的减少比例是由于时代变迁所造成的。

　　但是，如果根据出生年进行重新统计，便会得到以下图（在第一次调查中，设定 20—24 岁年龄段的人群出生于 1975 年—1979 年之间）。

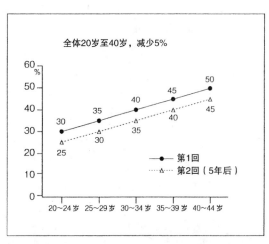

　　图表可以看出两条线完全重合。由此可见 5％的减少并非因为人们改变了想法，而是因为高龄世代不断去世而新生世代逐渐

加入到调查当中造成的。这样的解释也是非常合理的。

通过舆论调查得到的数据，我们发现单纯通过数据将"年龄增长"、"世代更替"、"时代变迁"这三个要素完全分割开是不现实的。尽管尝试了多种方法，但还是没能发现最佳的方案。也就是说，即使通过调查得出人们的意见发生了改变，但是并不完全清楚到底是由于人们改变了自己的想法，还是由于世代更替影响了总体比例，又或者是时代变迁所导致的影响……我们没有办法仅仅通过数字将三者分割开来进行讨论。

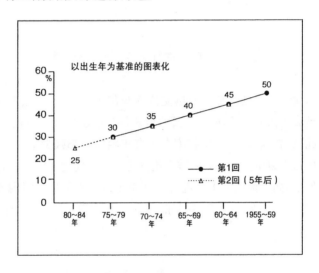